ROGÉRIO FELISBINO DA SILVA

NOVA AURORA

Capa:
CÉSAR FRANÇA DE OLIVEIRA

© 2008, Instituto de Difusão Espírita

1ª edição – abril/2008
10.000 exemplares

FICHA CATALOGRÁFICA

(Preparada na Editora)

Silva, Rogério Felisbino da, 1966-

S58n   *Nova Aurora* / Rogério Felisbino da Silva, Araras, SP, IDE, 1ª edição, 2008.

160 p.

ISBN 978-85-7341-397-7

1. Romance 2. Espiritismo I. Título.

CDD -869.935
-133.9

Índices para catálogo sistemático

1. Romance: Século 21: Literatura brasileira 869.935
2. Espiritismo 133.9

ÍNDICE

Prefácio 9
Explicando... 11

PRIMEIRA PARTE

I - Um crime 17
II - O retorno à Fazenda 22
III - A família Almeida Lopes 29
IV - Um visitante ilustre 35
V - Nastácia e Juventino 42
VI - Um fato inesperado 48
VII - Sem solução 55
VIII - A vida segue 61
IX - Encarando a realidade 68
X - Nestor 74
XI - Premonições de Juventino 81
XII - Lembranças do passado 91
XIII - O acerto de contas 96
XIV - O fim de uma era 100

SEGUNDA PARTE

I - O momento da renovação 111
II - Resgatando Solano 116
III - Amelie 122
IV - De volta à Terra 134
V - Ajustes finais 141
VI - Uma nova aurora... 157

PREFÁCIO

Prezado leitor, algumas obras são boas e outras são brilhantes.

É o caso deste romance, uma história fantástica, uma trama sem igual, que nos prende do começo ao fim, que nos surpreende a cada virar de página.

A idéia deste livro começou como uma peça de grande sucesso, apresentada diversas vezes pelo Grupo de Teatro do NEA (www.neartes.org.br) e que, hoje, tornou-se este romance, com muitos detalhes e muitas emoções que fazem o leitor viajar pelo universo de Nova Aurora.

Prepare-se para descobrir uma nova forma de literatura.

E boa viagem.

Gustavo Lussari
Diretor do Depto. de Artes do
Instituto de Difusão Espírita - IDE
Abril/2008

EXPLICANDO...

Nova Aurora foi escrita, inicialmente, como uma peça teatral.

Montado pelo Núcleo Espírita de Artes (NEA), o espetáculo estreou em dezembro de 2001, sendo apresentado várias vezes até outubro de 2004, em diversas cidades de Santa Catarina. Em agosto de 2003, participou do 1º Festival Experimental de Teatro Espírita de Florianópolis, recebendo, dentre outros, os troféus de melhor espetáculo e melhor direção.

Com alegria, registrávamos ao final de cada apresentação, o interesse do público, que vinha conversar conosco sobre suas impressões. A receptividade da peça não estava apenas na história em si, ou no desempenho dos atores, mas também no aspecto didático com que abordava alguns princípios espíritas, notadamente a reunião mediúnica que acontecia na parte final do espetáculo, e que se encontra na segunda parte deste livro. Tivemos notícia, por exemplo, de um grupo de estudos de um centro espírita que levou todos os seus integrantes a uma apresentação para depois promover o debate no próprio grupo.

Quando fizemos a última apresentação da peça e o

grupo de teatro preparava uma nova montagem, pensamos que *Nova Aurora* não poderia simplesmente terminar, ou ficar perdida numa gaveta até que, um dia, outro grupo tivesse o interesse de remontá-la. Gostaríamos que, de alguma forma, o seu conteúdo, a sua proposta ou a sua mensagem pudessem atingir também outras pessoas que não tiveram a oportunidade de assistir ao espetáculo. Assim, surgiu a idéia de transformá-la em livro.

Como se vê, fizemos o caminho inverso ao que alguns dramaturgos espíritas normalmente fazem: ao invés de adaptar o texto a partir de uma obra literária, escrevemos o livro a partir do texto dramatúrgico.

A conversão de um nível literário para outro exigia adaptações. Minha opção, ao narrar a história, foi fazê-lo na primeira pessoa. Evidentemente que o "eu" do livro, que narra todo o drama, nada tem a ver com minha experiência pessoal de vida. Foi simplesmente um estilo, para deixar o leitor mais intimista com a figura do narrador.

Perguntam-me, desde a época em que a peça era apresentada, de onde veio essa história. Questionam-me, inclusive, se a peça – e, agora, o livro – é de origem mediúnica. A resposta que sempre dou é simplesmente: "Não sei!"

Quanto ao aspecto mediúnico, posso dizer que tanto a peça quanto o livro não foram ditados por um Espírito, pelo menos de forma ostensiva, pela via da psicografia. Se houve a participação de alguma entidade espiritual foi simplesmente pelos mecanismos da intuição.

Quanto ao enredo, trata-se de uma obra de ficção. O roteiro surgiu numa conversa com dois companheiros do NFA, Rafael Flores da Cunha e Alexsandra Mendes da Silva, que na época compartilhavam comigo a coordenação e a direção do grupo teatral.

Minha experiência na área da dramaturgia vinha de uma peça infantil (*Circo Alegria*) e uma adulta (*Triângulo*), cujo roteiro era muito complexo. Com *Nova Aurora*, que foi meu terceiro texto, pretendia contar uma história linear (ao contrário de *Triângulo*, que tinha muitas idas e vindas no tempo) e abordar o tema reencarnação.

Assim, numa primeira concepção, a peça teria três partes: a primeira evidenciaria a existência terrena de um grupo de Espíritos, seguida pela desencarnação dos personagens e, por fim, uma nova etapa reencarnatória, onde o público poderia fazer conexões entre os personagens da primeira com a segunda vida terrena.

Aconteceu, no entanto, que, na hora de escrever o texto, apenas a primeira e a segunda parte foram feitas, suprimindo-se a terceira. A abordagem da reencarnação não se comprometeu, mas o foco da história acabou centrado na comunicabilidade dos Espíritos.

Entrego este livro a você, leitor, com o singelo desejo de que a leitura dele possa lhe trazer algum ensinamento ou, pelo menos, lhe proporcione uma reflexão sobre a vida!

Muita paz!

Florianópolis, primavera de 2007.

PRIMEIRA PARTE

CAPÍTULO I

UM CRIME

Era fim de tarde. O Sol, já na linha do horizonte, dourava as plantações de café, que se perpetuavam ao longo das pequenas colinas, dispostas uma após outra, a perder de vista, no vasto planalto. O quase crepúsculo anunciava a noite, que chegava mansa e ternamente, dando ao céu uma tonalidade de anil incomparavelmente bela, emoldurado ainda por nuvens que se projetavam do infinito, criando formas caprichosamente pinceladas pelos últimos raios solares, em tons de violeta e ouro. A brisa do vento, em assobios discretos, parecia desafiar o canto dos pássaros que, em pequenos bandos, amontoavam-se em busca de abrigo para o recolhimento noturno.

Cabisbaixos, ainda suados pelo trabalho da tarde, alguns poucos homens caminhavam lentamente por entre os arbustos da grande lavoura, trazendo na pele morena, castigada pelo Sol, os arranhões do contato com os galhos ferinos. Faziam a peregrinação de volta aos seus lares, toscos casebres não muito distantes do cafezal, que ainda resistiam ao tempo, desde os primeiros anos do Século XX.

A República do "Café com Leite" já havia acabado há

muito, mas aquela fazenda ainda guardava os traços dos tempos áureos, quando o café fora a alavanca da iniciante economia brasileira.

Nesse ambiente bucólico, altamente convidativo à meditação, eu vagava em êxtase de contemplação e louvor ao Senhor da Vida. Volitando por sobre os arbustos alinhados, conforme minha condição espiritual me permitia, refazia-me, num instante de repouso, das tarefas em zonas inferiores da erraticidade, socorrendo infelizes e desajustados do mundo invisível.

Ensimesmado e contemplativo, ora fitava o lento desaparecimento do Sol por trás das últimas colinas visíveis, nos confins do horizonte, ora demorava meu olhar sobre os desenhos geométricos que as copas dos cafeeiros produziam, sem perceber e ser percebido pelos encarnados que por ali passavam, como se meu pensamento me transportasse a uma dimensão ainda mais transcendental da que me encontrava e como se, ao mesmo tempo, estivesse haurindo daquela paisagem exuberante os fluidos que recomporiam meu desgaste perispiritual.

O Sol já se punha totalmente e a grande penumbra já dominava a abóbada celeste quando, repentinamente, ouvi um estampido abafado, e depois outro, seguidos, ambos, por dois gritos: o primeiro, de uma mulher, que pelo timbre, assemelhava-se a uma jovem, expressando imensa dor; e o outro, forte, de um homem, igualmente de dor.

Os sons inesperados me arrancaram da contemplação na qual estava imerso. Como um relâmpago, minha atenção, antes absorvida pela emoção que me dominava, voltou-se para o local, com a intenção de verificar o que havia acontecido.

Minha primeira impressão fora a de sons de tiros, um

assassinato. Mas, quem poderia cometer tal ato diante de um cenário espetacularmente divino?

Olhei em todas as direções, para ver se identificava a origem daqueles gritos sinistros. Se houvera mortes, poderia atender irmãos recém-transportados violentamente para a outra realidade, em situação tão desesperadora. Percorri a área, vasculhei cada recanto escondido pelos galhos espessos dos cafeeiros, num perímetro possível, a partir da origem presumida dos sons. Porém, não encontrei nada e ninguém que pudesse esclarecer os fatos. A harmonia parecia imperturbável! Apenas o murmúrio longínquo, evidenciando conversa sem compromisso daqueles homens que retornavam a suas casas, já bastante distantes, no limiar do horizonte, completamente insuspeitos de qualquer atitude de violência. O que teria acontecido? Donde surgiram aqueles gritos?

Ainda envolvido num misto de surpresa e inquietação, dirigi meu pensamento novamente a Deus, como uma prece silenciosa, sem palavras, apenas um sentimento mudo, um desejo de que o Pai me auxiliasse, revelando a origem daqueles gritos que me impressionaram tão vivamente e que fizeram despertar em mim sentimentos de profunda compaixão e um desejo sincero e espontâneo de auxiliar.

Foi quando, então, num relance, vislumbrei um vulto sentado no chão, a pouca distância minha. O espectro daquela entidade, em princípio envolto em densa névoa, aos poucos, foi se delineando, revelando uma senhora, jovem ainda, beirando seus quarenta anos, de aspecto muito nobre. Usava um vestido longo e rodado, em tons e sobre-tons de azul, com babados de motivos florais na barra, na cor branca. Cobrindo-lhe os ombros, um xale de crochê, de linhas brilhantes, também brancas, realçavam a tez alva e acetinada, emoldurada por cabelos de um castanho escuro, quase negro, preso em forma de coque.

De imediato, identifiquei que se tratava de uma entidade já desencarnada, como eu, que ali, no chão, revelava, por sua psicosfera, uma alma serena, porém, amargurada pela tristeza.

Ao ver aquela entidade quase angelical, porém, profundamente melancólica, aproximei-me, entre cortês e ansioso:

– Que gritos foram esses? O que aconteceu?

A dama saiu de sua introspecção e me fitou, com um olhar sereno e resignado:

– Um crime! Lamentavelmente, um crime!

– Crime? Onde? – perguntei, surpreso, ao constatar que meu pressentimento fora confirmado.

– Aqui, neste lugar!

Fiz menção de realizar nova incursão do local, aguçando meu olhar à procura, quem sabe, de entidades desencarnadas que por ali ainda vagassem, presas àquele ambiente etéreo. Porém, a jovem matrona, percebendo-me o gesto intencional, interrompeu minha pesquisa:

– As vítimas não estão mais aqui. O crime não foi agora, mas sim, há muito tempo!... Os gritos que ouviste ficaram registrados neste ambiente.

– Mas, quem morreu? Quem matou? E por quê? – insisti.

A entidade levantou-se, deu alguns passos vagos e, com os olhos perdidos no longínquo horizonte, respondeu:

— Que importa saber? São fatos consumados, não há mais nada a fazer.

Aquelas palavras e o tom com que foram ditas despertaram em mim um sentimento de ternura e piedade. Senti que aquela entidade que estava à minha frente, de alguma forma, estava envolvida ou tinha relação com aquele episódio infeliz. Apesar disso, ela revelava uma serenidade ímpar, uma resignação infinita, não obstante a profunda melancolia que transparecia de seu olhar. Movido por um ímpeto de benevolência, aproximei-me da jovem senhora e contra-argumentei:

— É certo que não podemos mudar o passado, mas podemos ajudar a consertar o futuro!

Minhas palavras, pronunciadas com profundo sentimento de compaixão, ecoaram nas fibras mais íntimas daquela personalidade tão fantasticamente misteriosa, pois ela lançou para mim significativo olhar de gratidão.

— Posso ajudar em alguma coisa? – perguntei.

— Quem sabe! Se Deus te permitiu entrar em sintonia com minhas dores, talvez possas ser útil.

— Qual o seu nome?

— Aurora.

— Diga-me então, nobre Senhora, o que aconteceu?

Aurora fez pausa reflexiva, como se estivesse buscando dos recônditos da alma as reminiscências de um passado longínquo. Após um breve arfar do peito, falou pausadamente:

— Foi em 1912...

CAPÍTULO II

O RETORNO À FAZENDA

Aurora iniciou sua narrativa, e eu, mergulhado na emoção que os relatos me produziam, senti-me transportado na dimensão do tempo e do espaço. Era como se meu pensamento, perfeitamente sintonizado com o daquela nobre entidade, me conduzisse ao passado, registrando as cenas descritas como se estivesse vivendo cada quadro, cada detalhe e cada momento, os quais desfilavam ante meus olhos espirituais com uma verossimilhança impressionante. Senti-me como um espectador de um filme projetado em minha tela mental, mas que me dava a impressão de que acontecia ao vivo, à minha frente.

Vi-me, então, flutuando por sobre aquela mesma região, numa manhã de outono do distante ano de 1912, avistando as extensas plantações de café que se espalhavam pela vasta gleba. Cruzando a porteira principal, consegui identificar o nome daquela rica propriedade, registrado num bem arquitetado portal de madeira: "Fazenda Nova Aurora".

Extensa estrada de chão batido contornava a lavoura imensa, fazendo sinuoso trajeto até chegar a um belo casarão colonial, cujo estilo revelava influência italiana, com muitas janelas, todas elas apresentando pequenas sacadas ornamentadas com flores. À frente do casarão, uma ampla varanda era convite a um descanso nas confortáveis cadeiras de palha, de onde se vislumbrava um pequeno lago, rodeado por muitas flores, que se deitava defronte àquela mansão rural.

A poeira levantada na estrada, ao longe, evidenciava a chegada de uma diligência, que vinha ligeira, puxada por dois imponentes cavalos, ainda muito distante do casarão.

Por entre os cafeeiros, um garoto de aproximadamente 14 anos corria eufórico em direção à casa grande, numa exaltação incontida, como querendo ser aquele que iria anunciar a chegada inesperada de visitantes muito ilustres. Era Juventino que, apesar de descalço, corria na terra sem se importar com as pedras do chão ou com os galhos que lhe poderiam arranhar os braços e as pernas expostos pelas vestimentas curtas.

Como cortou enorme distância, através do atalho por entre o cafezal, Juventino chegou à grande varanda defronte ao casarão muito antes da carruagem. Na mesma correria com que chegou, limpou os pés sobre um capacho e atravessou a porta que dava acesso a amplo salão, ricamente ocupado por móveis de madeira de primeiríssima qualidade, que primavam pelo bom gosto. Tapetes, cortinas, quadros e peças ornamentais de ouro e prata complementavam a decoração, revelando requinte e beleza, comparando-se aos grandes salões dos castelos europeus.

Num canto da sala, sentado numa cadeira de balanço defronte a um janelão de onde se podia observar parte do cafezal, Coronel Francisco, o dono daquelas terras, olhava, orgulhoso, o horizonte à sua frente, quando foi subtraído da contemplação pela chegada brusca de Juventino, ofegante e eufórico:

– Coronel!... Coronel!...

– O que é que foi, Juventino?

– Sinhazinha Maria Teresa, Coronel!...

– Que é que tem minha filha, seu leso?!

– Sinhazinha e Dr. Solano tão chegando na Fazenda...

Coronel Francisco levantou-se irritado. O que significava aquilo? Mais uma das travessuras de Juventino? Maria Teresa estava na Europa, acompanhando seu esposo, Solano, já havia dois anos. Seu genro, que era seu braço direito na fazenda, tinha ido à Europa tratar de negócios com a exportação de café. A previsão de retorno deles era para o ano seguinte. Que brincadeira era aquela de Juventino?!...

– Num é brincadeira não, Coronel! Eu vi eles chegando agora mesmo! É verdade bem verdadeira!

Extremamente irritado com a insistência do garoto, o Coronel Francisco avançou energicamente em direção à porta que dava para a varanda, fazendo ressoar a batida de suas pesadas botas sobre o assoalho de madeira, não sem antes empurrar Juventino para que saísse de sua frente.

Ao chegar à varanda, a carruagem já estacionava defronte à casa, envolvida ainda pela poeira que o vento levantava. Ao abrir-se a portinhola, desceu de seu interior um jovem cavalheiro, muito bem trajado. Era Solano, o genro, que, já do lado de fora da pequena viatura, estendia a mão para que Maria Teresa, apoiando-se sobre ela, pudesse descer o degrau.

O rapaz, de um aspecto varonil, no vigor de seus 27 anos, revelava, no trato com a esposa, a educação refinada de um ilustre advogado. A moça, cinco anos mais jovem que o esposo, bela e muito parecida com Aurora, era um anjo em pessoa, não apenas pelas feições de seu singelo e pequeno rosto, como também pela delicadeza de seus gestos.

Ao ver a moça, o Coronel Francisco não se conteve:

– Minha filha! Que surpresa! Como você está linda!

Maria Teresa correu para os braços do pai, qual criança desprotegida que há muito não vê o carinho paternal, e abraçou-o demorada e afetuosamente.

– Ah, meu pai, que saudades eu estava do senhor!

– Eu também, filha! Eu também! E você, Solano, meu rapaz! Venha cá, me dê um abraço!

Solano também se dirigiu ao Coronel, sendo calorosamente abraçado pelo sogro.

– Mas que surpresa é essa?! Voltando antes do tempo?!...

– Pois é, Coronel! Fechamos os negócios mais rápido do que imaginávamos e por isso resolvemos voltar mais cedo! – informou Solano.

– E por que não mandaram notícias? Ou mandaram?...

Antes mesmo que obtivesse a resposta, o Coronel Francisco virou-se repentinamente para Juventino, com voz forte e autoritária, como sempre o fazia:

– Juventino, não chegou nenhuma carta da Europa?

Distraído com a conversa, o menino não esperava ser inquirido de forma tão violenta e agressiva. Depois do salto reflexo decorrente do susto que a voz forte do Coronel lhe causou, Juventino respondeu, um pouco pálido:

— Chegou não, patrão!

Maria Teresa abraçou a criança:

— Nós não mandamos notícias mesmo, papai! Queríamos fazer uma surpresa para o senhor.

A presença e a voz de Maria Teresa causavam no pai o efeito de um bálsamo tranqüilizante. Se para o pequeno Juventino, o Coronel agia e falava com rispidez e autoridade, para a filha, Francisco adocicava a voz num tom de ternura irreconhecível pelos demais empregados da fazenda.

Enquanto alguns serviçais recolhiam as bagagens dos recém-chegados, nossos personagens entravam no salão, inclusive o menino Juventino, ainda abraçado por Maria Teresa. O Coronel retomou a conversa:

— E como foi a viagem?

— Graças a Deus, foi muito boa, papai, apesar de cansativa. Foram quase dois meses, em navio e trens!

— De Lisboa ao Brasil viemos numa embarcação maravilhosa, na primeira classe! – completou Solano.

Coronel Francisco deu uma gargalhada irônica, complementando:

— Era só o que faltava! Filha do Coronel Francisco de Almeida Lopes cruzar o Atlântico na segunda ou terceira classe, misturada com esses bandos de imigrantes imundos!

Na visão do autoritário Coronel, ele e sua família representavam a nata da sociedade paulista e brasileira. Seu padrão de vida assemelhava-se ao dos nobres europeus. Igualar-se a pessoas de níveis sociais mais inferiores era uma ofensa moral, um absurdo, coisa inconcebível para qualquer descendente da Família Almeida Lopes.

Maria Teresa, apesar de nada comentar, não gostou da atitude desrespeitosa do pai. Naquele momento, constatou, decepcionada, que o Coronel não mudara nada durante os dois anos em que ela esteve fora. Continuava sendo o mesmo homem orgulhoso e soberbo.

Contrapondo-se ao comportamento do genitor, que não tinha escrúpulos em humilhar os subalternos, a jovem pediu licença, afastou-se do pequeno grupo, levando consigo Juventino, ainda enlaçado a ela num abraço carinhoso, a fim de entregar ao menino pequena lembrança trazida da Europa.

Enquanto Juventino, extremamente feliz com a chegada de sua Sinhazinha, entretinha-se com o presente recebido, o Coronel continuava a conversa com o genro:

– Mas me fale logo, Solano! Como é que foram as negociações com os europeus? Podemos fazer nossas exportações?

– Com certeza, Coronel! Conseguimos vários compradores na França, na Itália, na Inglaterra e até na Alemanha.

– Que maravilha!

– Em nossa viagem de retorno – continuou Solano –, achei previdente desembarcarmos primeiro no Rio de Janeiro, para colher mais algumas informações a respeito das documentações necessárias para o despacho, na Alfândega.

Francisco estampou um sorriso de satisfação:

– Muito bom!

– E como está a produção? – perguntou Solano. –

Constatei, ao chegar, que os cafeeiros estão quase em ponto de colheita!

– Exatamente! Daqui a umas duas semanas estaremos começando a colheita desta safra.

– Sendo assim – arrematou o genro –, podemos começar a providenciar a papelada para iniciar o processo da exportação. E se tudo der certo, dentro de alguns meses, o seu café estará partindo para a Europa, Coronel!

– Perfeito! – concluiu Francisco, satisfeitíssimo.

Era o que o rico latifundiário estava querendo ouvir há muito tempo! Afinal, foi com esse intento que ele havia subsidiado a viagem de Solano e da filha para a Europa, a fim de tornar conhecida, no velho continente, a marca "Nova Aurora", que lhe era motivo de tanto orgulho. O momento, portanto, era de comemoração, não apenas pelo retorno antecipado da filha e do genro, mas também pelas boas notícias a respeito da comercialização de seu café na Europa. Foi nesse clima de entusiasmo que o Coronel voltou-se para Juventino, chamando-o, novamente aos berros:

– Juventino!

O garoto levou outro susto, deixando cair no chão a lembrança que a jovem lhe havia dado.

– Sim sinhô, Coronel?!

– Mande os empregados prepararem um jantar especial para minha filha e meu genro... – e estufando o peito com galhardia, concluiu: – Já estou vendo os europeus saboreando o meu café: Café da Fazenda Nova Aurora!

O menino, nervoso, juntou o brinquedo, conferindo se não havia quebrado nenhuma peça, e depois saiu apressadamente, a fim de cumprir as ordens de seu patrão.

CAPÍTULO III

A FAMÍLIA ALMEIDA LOPES

Abrimos um parêntese em nossa história para apresentar ao leitor as personagens até aqui citadas. Iniciamos com o poderoso Coronel Francisco de Almeida Lopes, proprietário da fazenda que serve de cenário para nossa história. Filho de ricos latifundiários, que possuíam muitas terras espalhadas por São Paulo e Minas Gerais, Francisco herdou da família uma de suas fazendas, como dote de casamento com a senhorinha Aurora, também descendente de ricos proprietários rurais. Homem severo, muitas vezes rude na forma de se expressar, principalmente com seus subalternos, não tolerava indisciplina, agindo com rigor excessivo quando percebesse qualquer gesto que lhe causasse contrariedade ou desconfiança de alguém.

O consórcio com Aurora, amplamente comentado pelos afortunados e poderosos coronéis de então, haja vista representar a união de duas tradicionais famílias muito bem reputadas, da velha República, aproximou duas almas completamente diferentes do ponto de vista moral.

Enquanto Francisco revelava uma personalidade austera, soberba e prepotente, Aurora evidenciava traços de ternura e bondade, a ponto de, na fazenda, ser chamada, pelos criados, de "anjo bom", em contraponto ao autoritarismo do Coronel. Era comum, muitas vezes, em conversa com o esposo, Aurora defender os criados injustamente mal tratados pela arrogância de Francisco, embora isso nunca fosse motivo de brigas entre os dois. Aurora, com seu jeito calmo e conciliador, sabia como dizer suas verdades ao marido, sem que ele se sentisse desrespeitado em sua autoridade. Apesar de discordar da bondade excessiva da esposa, Francisco a amava e, por isso mesmo, a tolerava, considerando que sua solidariedade com os subalternos não passava de fraqueza de sua personalidade.

O casamento, no entanto, não chegou aos 15 anos de duração, tendo em vista a morte prematura da bondosa Aurora, vítima de tuberculose, para tristeza dos familiares, amigos e, principalmente, dos empregados da fazenda, que a tinham como uma santa.

A doença, na época uma das mais terríveis que a Medicina tentava curar, foi adquirida através do contato direto com uma ex-serviçal, de nome Josefina, que contraíra a mesma moléstia e a quem Aurora muito se afeiçoara.

Moça simples e humilde, Josefina ganhara a simpatia e confiança de Aurora devido à sua bondade, obediência e zelo com que tratava as coisas da patroa. Não bastasse isso, Josefina tinha uma triste história que muito comovera a esposa do Coronel Francisco. Alguns anos antes, a jovem sofrera um estupro e, desesperada, procurou a nobre senhora, aos prantos, revelando-lhe, em segredo, que aquele ato de violência lhe traria um rebento. A jovem criada temia que o Coronel Francisco a expulsasse da fazenda. Aurora, com sua bondade natural, e às ocultas do marido, acolheu a moça, permitindo que ela morasse, escondida, junto com outras criadas, nos casebres da fazenda, onde Francisco, por causa do seu orgulho, dificilmente colocaria os pés. Fez mais a nobre esposa do Coronel: desaconselhou Josefina da prática do aborto, como pretendia a jovem, garantindo-lhe, inclusive, que a ajudaria a cuidar do filho que nasceria desse ato violento. A criança nasceu, dando-se ao menino o nome de Juventino.

Quando a criança aproximava-se dos seus dois anos, Josefina contraiu tuberculose. Devido à fragilidade de seu organismo e à inexistência, na época, de qualquer medicação eficaz, a doença encontrou campo para desenvolver-se rapidamente. Aurora, com sua bondade espontânea, e novamente às ocultas do marido, não deixou de lado a jovem infeliz, transformando-se numa verdadeira enfermeira, velando diariamente por ela e acompanhando seu definhamento, no leito, em crises convulsivas de tosses.

Pouco antes de morrer, a serviçal suplicou a Aurora que cuidasse da criança, recebendo da nobre dama a garantia de que o menino seria criado como um filho da casa.

Aconteceu, no entanto, que Aurora veio a contrair a mesma doença letal. Assim como a pobre Josefina, a distinta senhora também sofreu demasiada e resignadamente em seu leito. E da mesma forma que a infeliz serva fez com ela, Aurora, em seus últimos suspiros na Terra, chamou o esposo, em seu leito de morte, suplicando-lhe que ele, além da filha que ela lhe deixava, Maria Teresa, então com 11 anos, cuidasse também do pequeno Juventino.

No seu íntimo, o Coronel não queria assumir qualquer responsabilidade pelo filho de uma criada, que ele nem conhecia. Mas, para atender a um pedido de sua amada esposa, que sucumbia à cruel moléstia, prometeu-lhe que o menino viveria na fazenda.

Apesar da promessa feita à esposa, o Coronel nunca deu ao pequeno Juventino o mesmo tratamento que dava à filha Maria Teresa. Para o arrogante fazendeiro, o menino era um empecilho que caíra em sua vida, por ironia do destino. Só não desertara de vez a criança, permitindo que ela vivesse e fosse criada na fazenda, por causa da obrigação a que se impôs diante da esposa moribunda, pois, se pudesse, já teria se livrado daquele fardo inconveniente.

Por esse motivo, apesar de crescer na fazenda, Juventino sempre foi considerado um serviçal como outro qualquer, nunca recebendo a devida atenção do Coronel. A bem da verdade, o menino nem foi criado na casa grande, mas sim pelas criadas que moravam nos casebres, onde Francisco, de fato, nunca colocou os pés. Na casa do Coronel, apenas a menina Maria Teresa tinha pelo garoto um carinho especial, muitas vezes tratando-o como um irmão mais novo. Daí o agarramento que Juventino tinha por Maria Teresa, a quem ele chamava de Sinhazinha.

Com a morte de Aurora, Coronel Francisco resolveu homenageá-la, trocando a antiga denominação da fazenda pelo nome da esposa, antecipado pelo adjetivo "Nova", como a representar uma renovação em sua vida. Era uma nova aurora que brilhava no horizonte, uma nova fase que ele esperava fosse marcada pelo progresso e pela riqueza material, impulsionada pelo grande negócio da época: a produção e exportação de café.

Apesar de apresentar uma personalidade forte, com a qual sempre se impunha em relação àqueles que com ele negociavam, conseguindo, assim, vender seu café com muita facilidade, Coronel Francisco tinha pouco traquejo com a burocracia do comércio. Essa papelada de contratos, apólices, duplicatas, notas promissórias, definitivamente, não eram da sua alçada. Para ele, o ideal seria que os negócios fossem resolvidos na conversa, frente a frente com o comprador.

Mas, os tempos haviam mudado. A concorrência se acirrava. Outros fazendeiros também produziam café e negociavam. Além disso, o mundo começava a reconhecer a qualidade do café brasileiro e as exportações eram o caminho natural para aqueles fazendeiros que quisessem sobreviver no mercado. Faltava ao Coronel, portanto, um profissional que o auxiliasse, pois ele precisava equiparar-se aos outros fazendeiros, até mesmo por questão de proteção.

É aí que se destaca a figura de Solano, o genro do Coronel Francisco. Filho de família de pecuaristas mineiros, Solano Sampaio viera para São Paulo a fim de estudar Direito. Ainda cursando a faculdade, Solano foi apresentado a Francisco por um amigo de ambos. O Coronel, de imediato, simpatizou muito com o jovem futuro advogado, devido à sua inteligência, à sua educação e, principalmente, à sua origem, pois, apesar de não conhecer pessoalmente, Coronel Francisco já ouvira falar, e muito bem, da família do rapaz.

Convidado a visitar a fazenda do Coronel, aconteceu de Solano, então com 20 anos, lá comparecer exatamente no dia em que a menina Maria Teresa completava 15 anos. Como não poderia deixar de ser, a jovem, que já era muito bela, apresentava-se ainda mais formosa com os trajes especialmente confeccionados para a festa. Evidente que o Coronel Francisco, de imediato, percebeu que os olhos dos dois jovens moços se cruzaram de maneira muito especial. Era o que o Coronel precisava para acertar sua vida. O rapaz, que já tinha conquistado sua simpatia pelas qualidades que apresentava, principalmente pelo futuro promissor na carreira de advogado, interessava-se por sua filha e era correspondido por ela. Era o útil unindo-se ao agradável!

Não passou muito tempo, o Coronel, em conversa com a filha, consegue entusiasmá-la a consorciar-se com o advogado mineiro. O casamento deu-se três anos depois, no mesmo dia em que a jovem completava 18 primaveras. Maria Teresa ganhava um belo e educado esposo. Coronel Francisco ganhava um advogado para tratar de seus negócios.

CAPÍTULO IV

UM VISITANTE ILUSTRE

Voltemos ao ano de 1912, alguns dias depois da chegada dos herdeiros do Coronel da Europa. Num fim de tarde, vamos encontrar Maria Teresa, Solano e Francisco, à mesa, fruindo saboroso café, acompanhado dos muitos quitutes que só a vida colonial da fazenda pode oferecer.

A conversa corria animada, comentando Solano a respeito das diferenças culturais dos povos europeus, quando adentra a sala de jantar uma criada, ainda bastante jovem, interrompendo o colóquio:

– Cença, Coronel! Tem um moço aí fora, bem apessoado, de nome Rubens, querendo falar com Dotô Solano.

O nome citado pela jovem criada despertou no genro do Coronel uma agradável surpresa:

– Rubens?! Meu Deus! Será que é quem eu estou pensando? Há quanto tempo não o vejo!

Da cabeceira da mesa, onde estava sentado, e sem sequer olhar para a criada que anunciou a chegada do visitante, como era seu costume, o Coronel ordenou:

– Mande-o entrar, Nastácia!

– Sim sinhô, Coronel! Cença!

Se Solano mostrou-se surpreso com o anúncio do visitante inesperado, o mesmo não aconteceu a Francisco, que parecia já estar prevendo a visita.

O dono da fazenda conheceu Rubens logo depois que Solano partiu para a Europa, durante um encontro de produtores de café. Nesta reunião, Rubens apresentou-se ao Coronel, perguntando-lhe se ele era o sogro de Solano Sampaio, conforme soubera. Diante da resposta afirmativa do Coronel, Rubens identificou-se como sendo um grande amigo de Solano, com o qual estudara junto, em Minas Gerais. Informou também que havia perdido contato com o amigo depois que ele viera para São Paulo.

De início, o Coronel não simpatizou muito com aquele rapaz, que lhe causava uma certa aversão, que ele, Francisco, não sabia explicar exatamente o que era[1].

Mas essa má impressão inicial do Coronel foi abafada quando ele veio a saber que Rubens era um Deputado. A proximidade com um político importante, através do genro, poderia trazer grandes benefícios a ele. Por isso, Francisco soube perfeitamente transformar aquela primeira impressão de repulsa num sentimento de respeito e consideração, evidenciando claramente um jogo de interesse e conveniência.

Agora, com a visita de Rubens e a reação da surpresa de Solano, o Coronel tivera a certeza de que, de fato, Rubens

---

[1] *Viam-se aqui, as reminiscências do passado, pois aqueles dois homens já haviam se encontrado, em encarnação anterior, havendo entre eles, vínculos de ódio e traição.*

falara a verdade, quando de seu primeiro encontro. Portanto, não era motivo de surpresa a sua visita, pois ele deveria ter sido informado da chegada de Solano da Europa.

Nastácia, sem muita demora, retornou acompanhada de ilustre personalidade, um rapaz jovem ainda, talvez da mesma idade de Solano, de olhar penetrante e muito bem alinhado, trajando um terno escuro, camisa de seda italiana e gravata caprichosamente colocada sobre o colarinho armado.

Ao chegar ao recinto, Rubens, segurando a cartola respeitosamente retirada da cabeça, quando de sua entrada, nem esperou ser saudado pelos presentes. Com seu jeito expansivo, e revelando uma oratória eloqüente, própria dos homens mais cultos e influentes da alta sociedade, dirigiu a palavra diretamente ao amigo recém-chegado de viagem:

– Meu nobre colega Solano! Bons ventos o trazem da Europa!

Solano, que já o esperava de pé, dirigiu-se satisfeito ao antigo companheiro, abraçando-o cavalheirescamente:

– Rubens, meu amigo, que satisfação em revê-lo!

Cumprindo o protocolo da educação, o visitante cumprimentou cortesmente Maria Teresa, dizendo-se encantado diante de tão bela e distinta dama e beijando-lhe a mão, no que foi retribuído com gesto de gentileza pela moça. Depois, dirigindo-se a Francisco, comentou:

– E quanto ao senhor, Coronel, vejo que sua fazenda está cada vez mais próspera!

– Sim, Deputado! Precisamos impulsionar o progresso desse país, não é mesmo?

Surpreendido pela revelação do Coronel, Solano interrompeu a conversa:

– Espere aí! Isto eu não sabia! Deputado?

– Ora, meu caro Solano. Você ficou dois anos na Europa e ainda não se inteirou dos fatos d'além mar?! – concluiu Rubens, expressando um sorriso galhardo.

– Então, meus parabéns, meu amigo. Sente-se à mesa conosco! – convidou Solano, com fidalguia.

Rubens, com toda a pompa de sua oratória, respondeu:

– Agradeço de bom alvitre o convite, amigo, mas, minha passagem por aqui é breve. Vim apenas dizer-lhe do prazer incomensurável de nosso reencontro, ao mesmo tempo em que o cumprimento pelo seu retorno, colocando-me à disposição dos amigos, na condição de Deputado deste Estado.

Coronel Francisco, mesmo diante de um homem importante, como o político que ali se apresentava, não dispensava sua ironia ameaçadora:

– É muito bom contar com seu apoio, Deputado. Mesmo porque, sabe V. Excelência que sua reeleição depende de nosso voto!

Um clima sombrio pairou no ambiente. Maria Teresa ruborizou de vergonha, ante a grosseria do pai. Rubens, disfarçando qualquer sentimento que o traísse, não se deixou constranger:

– Minha consideração pelos amigos não é alimentada por motivos eleitorais, Coronel. Afinal, nossa amizade vem de longa data, não é mesmo, Solano?

– É verdade! Conhecemo-nos desde os tempos da juventude!

– Ora, não seja assim tão saudosista, meu amigo, senão vai parecer que somos muito velhos! – complementou Rubens, que não perdeu a oportunidade para fazer uma brincadeira, a fim de descontrair a conversa.

Todos os presentes sorriram, o que amenizou o constrangimento geral surgido depois daquela intervenção deselegante do Coronel. A conversa continuou por mais algum tempo, entre os relatos de Solano a respeito de sua viagem pelos países europeus e a vida parlamentar de Rubens, após o que, este começou a se despedir:

– Bem, é chegada a hora e, se vocês me dão licença, eu preciso me retirar.

– Mas, já? – reagiu Francisco – Mal chegou e já está saindo?!

– Sim, Coronel. Como o senhor sabe, minha vida é de muito trabalho! Preciso voltar ao batente!

Solano, sempre solícito, ofereceu-se:

– Permita que o acompanhe até a porta.

– Pois não! – agradeceu Rubens.

Depois de cumprimentar novamente a senhorinha Maria Teresa com um beijo em sua mão, Rubens saiu, acompanhado de Solano e do Coronel Francisco. Os três amigos já estavam na sala contígua, dirigindo-se à saída, quando Maria Teresa, que permaneceu na sala de jantar, ouviu as últimas palavras de seu pai:

– A propósito, Deputado, como está indo aquele Projeto de Lei que lhe sugeri?...

Não foi possível ouvir a resposta, pois Rubens já havia atravessado a porta da rua. Além disso, Nastácia entrou e começou a arrumar a mesa, tirando a atenção de Maria Teresa. Como havia entre elas estreita intimidade, Nastácia não se perturbou ao comentar:

– Moço bonito e elegante esse Deputado, né, Sinhazinha? Prefumado!

– Ora, ora, se não é o Sr. Rubens encantando corações por aqui?!... – comentou a filha do Coronel.

– Já pensou, Sinhá! – foi dizendo a criada, ao mesmo tempo em que teatralizava a cena. – Eu, ao lado desse home formoso, que é o Deputado, entrando de braço dado com ele, no salão da casa grande, toda elegante, com um desses vestido bonito que Sinhazinha tem, hein? Era de dar inveja na Das Dor e na Dolores. Inté o Tião ia ficar babando de raiva! – concluiu a jovem Nastácia, envergonhada, pois que escondia a boca com a mão enquanto sorria.

Maria Teresa, achando graça do jeito da jovem criada, comentou:

– Hum! Será que vamos ter um casamento brevemente aqui na fazenda?

Nastácia, apesar de jovem, não era ingênua:

– Ara! Inté parece que Sinhá não reza! Cruz, credo!

– Por quê? – perguntou Maria Teresa.

– Ah, Sinhá, num se faça de boba! Quando que um deputado que nem esse ia se casá com uma criada que nem que eu? Ia não! Ele só ia se aproveitá de eu. Depois, ia me humilhá e me jogá no lixo!

Maria Teresa, que era cópia autêntica da mãe, sempre muito atenciosa com os empregados, reagiu:

– Isso é um absurdo, Nastácia. Não existe mais escravidão neste país, graças a Deus. E antes de ser uma criada, você é um ser humano, igual a mim e a todo mundo!

Nastácia suspirou profundamente e falou, meneando a cabeça:

– É! Só a Sinhá mesmo, que é um anjo aqui na fazenda, pra pensá assim!... Porque os outro?!..., os graúdo?!... pensam assim não, Sinhá!... Pra eles, nós somo que nem cachorro. Acho inté que nem isso! Então, eu tenho é que se contentá com o meu Tião mesmo!

A criada já saía em direção à cozinha, levando a bandeja com as louças, quando parou à porta e, voltando-se para a filha do Coronel, disse com um sorriso maroto e envergonhado:

– Mas inté que o Tião é bonitinho, né Sinhá?

As duas jovens sorriram e foram para a cozinha, continuando a conversa.

CAPÍTULO V

NASTÁCIA E JUVENTINO

Assim como Juventino, Nastácia tinha muita regalia diante de Maria Teresa. Filha de ex-escravos que trabalharam na fazenda, a jovem criada, que então contava 20 anos, era uma negra muito bela, de olhos grandes e igualmente negros, os quais revelavam uma perspicácia e esperteza apuradas. Ficou órfã de pai e mãe muito cedo, no entanto, desde pequena, já revelava desenvoltura para cuidar de si mesma, com independência. Sabia cozinhar, costurar e arrumar a casa como se fosse uma pessoa adulta e, por esse motivo, acabou ganhando da nobre Aurora o reconhecimento por sua dedicação ao trabalho, transformando-se numa pequena dama de companhia da bondosa esposa de Francisco. Assim, a jovem criada cresceu, praticamente, dentro da casa do Coronel, por onde circulava com liberdade, diferente de outros empregados, que tinham acesso restrito aos seus locais de trabalho.

Com a morte de Aurora, Nastácia, por já ser uma criada de confiança da casa, tomou para si as funções de mãe de Maria Teresa, apesar de ser dois anos mais jovem que ela. Ajudava a menina nas suas tarefas de quarto, revelando-se uma perfeita ama. Vestia a filha do Coronel, penteava-lhe os cabelos e compartilhava com ela, nas horas de folga, conversas amistosas e, às vezes, até íntimas, nos momentos em que o bordado era a distração para as moças, naquele rincão distante das festas da cidade.

Se Nastácia foi, para Maria Teresa, praticamente uma mãe adotiva, Juventino, ao contrário, era a oportunidade para a esposa de Solano exercer seu papel de educadora, uma vez que a moça tinha sobre o menino uma autoridade maternal. Com Juventino, era Maria Teresa quem exercia o papel de mãe, orientando-o e até mesmo educando-o, pois o ensinou a ler e a escrever.

Nastácia também foi convidada por Maria Teresa a alfabetizar-se, mas a jovem criada se negava em aceitar as aulas, porque, segundo ela, que possuía uma visão social muito própria, pouco lhe importava saber ler e escrever, se isso em nada modificaria sua vida. Continuaria sendo sempre uma criada e, além de tudo, negra, vítima do preconceito dos homens, como o Coronel Francisco.

Diferente de Nastácia, Juventino revelava um caráter mais submisso e acessível diante dos conselhos da formosa filha do Coronel, aceitando-os com humildade filial.

O menino apresentava, ainda, uma peculiaridade interessante: era um médium intuitivo e audiente de extraordinário potencial. Mesmo sem entender a complexidade dos fenômenos que aconteciam consigo próprio, desde pequeno Juventino ouvia vozes e dialogava com entidades desencarnadas com a mesma naturalidade com que conversava com as pessoas do seu convívio. E isto não lhe causava medo algum, tão acostumado estava com essas vozes que se lhe tornavam audíveis quase que diariamente.

Além do mais, devido à sua simplicidade e pureza de alma, acrescidas à inocência própria da fase da infância, Juventino sintonizava mais com Espíritos bondosos e amigos do que com entidades perturbadas e sofredoras. Desta forma, na sua percepção infantil, essas vozes eram de anjos de guarda, que lhe protegiam, como, aliás, lhe explicou, certa vez, a bondosa Aurora. Sim, a nobre esposa do Coronel, em Espírito, visitava periodicamente sua antiga residência, e, vez por outra, transmitia seu pensamento à mente do pequeno filho de Josefina.

※ ※ ※

A vida corria tranqüila na fazenda. Alguns dias depois da visita do Deputado Rubens, o Coronel Francisco conversava com Maria Teresa, na sala de estar, quando Solano chegou entusiasmado, segurando alguns papéis:

– Coronel! Uma boa notícia!

– Fale logo, homem! O que foi? Liberaram a documentação da exportação? – disse um ansioso Coronel, ao observar a papelada que o genro trazia à mão.

– Isso mesmo! Aqui está!

O Coronel não escondeu seu entusiasmo. Aqueles papéis eram a concretização de seu grande projeto. Finalmente, poderia exportar café para a Europa! Maria Teresa, que acompanhava a conversa, perguntou entre curiosa e admirada:

– Os documentos da exportação já estão prontos?

– Sim, meu amor, olhe!

– Não estou entendendo, Solano! Quando desembarcamos no Rio de Janeiro e você foi à Alfândega, disseram-lhe que era muita burocracia e que essa liberação ia demorar bastante para sair! No mínimo, uns cinco a seis meses!

– Sim, claro! – respondeu o esposo. – E normalmente é assim mesmo! Só que... tivemos uma ajuda importante!...

Ao dizer isto, Solano virou-se para a porta, estendendo o braço para apresentar Rubens, que até então, propositadamente, aguardava na ante-sala, a fim de gerar uma surpresa. O deputado apareceu à porta, falando pomposamente:

– Apenas uma pequena retribuição à nossa amizade, meu caro Coronel!

Francisco soltou uma gargalhada, que lhe era característica nos momentos em que as coisas aconteciam do seu gosto:

– Ah! Sabia que sua mão estava por trás disso, deputado! Tinha certeza que podia contar com sua gentileza!

– Ora, não é nada custoso a um deputado, como eu, exercer uma pequena influência sobre alguns funcionários públicos para agilizar o processo e liberar essa documentação mais rapidamente!

Esse era bem o estilo de Rubens. Acostumado ao jogo de interesses e à troca de favores, tão comuns ao meio politiqueiro, prevalecia-se de sua condição de deputado para resolver problemas e, com isso, angariar a simpatia dos eleitores, principalmente de gente rica e importante, como o Coronel Francisco. Maria Teresa ousou em não se manter calada, como convinha às mulheres de sua época, que não se envolviam nas questões próprias dos homens, e interveio na conversa:

– Desculpe-me a intromissão, Sr. Rubens, mas o senhor acha isso correto?

– Que é isso, minha filha? – cortou o Coronel, com certa indignação. E voltando-se para Rubens, continuou – Não dê ouvidos a ela, Deputado! Maria Teresa puxou muito à mãe, Aurora, que sempre quis ser muito correta em tudo. Neste país, minha filha, se não dermos um empurrão, as coisas não funcionam!

– O Coronel tem razão, senhorinha! – esclareceu Rubens, com cavalheirismo. – Não se preocupe, não cometemos nada grave! O nome de seu nobre pai não vai aparecer em nenhum destes jornais panfletários que temos por aí. Fique tranqüila!

Querendo desviar o rumo da conversa, Solano lembrou ao sogro:

– Bem Coronel, já que conseguimos a autorização, acho que podemos começar a despachar o café!

– Bem lembrado, Solano! Vou convocar os empregados agora mesmo! – e, berrando, chamou a Juventino, que chegou rapidamente.

– Sim sinhô, Coronel!

– Transmita aos peões a minha ordem para que tirem o café do paiol. Vamos despachar tudo direto para o porto de Santos.

– É mesmo, Coronel?

– É sim! E para que essa cara de paspalho? Vá fazer o que lhe mandei, vamos!

– Si... Sim sinhô! Tô indo agora mesmo!

Com a saída de Juventino, Rubens aproveitou para também se retirar:

– Desejo-lhe sucesso, Coronel. E lembre-se: sempre que precisar de nossa ajuda, conte conosco!

– V. Excelência já nos deu prova suficiente disso, deputado! Prova suficiente! – respondeu o Coronel, enquanto acompanhava Rubens até a porta. Os dois saíram, deixando Solano e Maria Teresa, esta mergulhada em preocupações.

– Não sei, Solano! Eu acho que o que o Sr. Rubens fez não está correto! Não gosto muito dessas negociações de políticos!

– Eu também não! Mas Rubens foi tão prestativo, tão atencioso! Acho que ele quis prestar um favor, e não tive como negar!...

– É!... Deixa pra lá!...

Solano aproximou-se da esposa e a beijou afetuosamente:

– Não se preocupe, vai dar tudo certo! – em seguida, envolveu-a em seus braços num abraço carinhoso, tentando afastar suas preocupações.

CAPÍTULO VI

UM FATO INESPERADO

Passaram-se algumas semanas. A fazenda "Nova Aurora" vivia um clima de euforia. Nas extensas plantações, diversos peões, contratados de última hora a preço de banana, torravam horas a fio debaixo do Sol escaldante, realizando o restante da colheita do café que, em seguida, era conduzido para o beneficiamento.

Assim como todas as grandes fazendas cafeeiras da época, a propriedade do Coronel Francisco dispunha de grandes tanques para a lavação dos grãos, e terreiros para a secagem. Ali, vários trabalhadores – assim considerados porque recebiam salários – davam sua vida ao serviço, em troca de praticamente nada, semelhando-se a verdadeiros escravos da época da senzala.

Os ranchos de estocagem nem chegavam a ficar cheios, tal o ritmo com que as sacas eram despachadas para os trens que as transportariam ao litoral.

Vendo tamanha movimentação em suas terras, Francisco não escondia a satisfação. Circulando por toda a fazenda, de manhã à noite, acompanhava passo a passo todas as etapas do processo, desde a colheita, o beneficiamento, o ensacamento, até o carregamento nos vagões dos trens, estampando quase que um permanente semblante de contentamento. Apesar disso, o austero Coronel não dispensava o pequeno chicote, que sempre trazia à mão, a fim de controlar rigorosamente qualquer ato de insubordinação daquela massa de trabalhadores miseráveis.

Na casa grande respirava-se tranqüilidade, pois quando as coisas seguiam o rumo desejado por Francisco, todos sentiam o alívio de conviver com um Coronel satisfeito, muito diferente de quando ele estava contrariado!

É neste ambiente de calmaria que vamos encontrar, certa manhã, Nastácia e Juventino conversando descontraidamente em dependência próxima à cozinha:

– Ai, menino, num fique inventando moda! Inté parece que é bobo!

– É verdade, Nastácia! Eu juro que é verdade! Pela alma da santa dona Aurora, que tá no céu!

Nastácia deu um tapa na mão de Juventino:

– Num fique jurando assim, que é pecado, viu? Com essas coisa não se brinca!

– Tá bom, tá bom! – retrucou o menino. – Já que cê num credita em eu, então vai lá falá com o Zé Bento. Ele também escutou tudinho. O Tião falou pra nós dois que ocê é a neguinha mais linda da fazenda e qué casá co'ocê...

Nastácia, discretamente, deu um suspiro de alegria, percebido por Juventino, que concluiu maroto:

– ...e ele disse também que qué tê dez filho!

A negrinha arregalou os olhos:

— Dez filho? É muito!... Cê tá mentindo, seu endiabrado, volte aqui! — e começou a correr atrás de Juventino, que fugia de receber uns tapas, dando gargalhadas.

Quem olhasse a cena, veria dois adolescentes correndo em círculo, ao redor da mesa, qual duas crianças, num clima de ingenuidade e brincadeira. A diversão poderia continuar tranqüilamente, não fosse a chegada brusca do Coronel Francisco, já batendo o chicote na palma da mão:

— O que está acontecendo aqui, posso saber?

Assustada com a presença repentina do patrão, Nastácia logo começou a se defender:

— Nada não, Coronel. O sinhô me adesculpe. É esse moleque que fica me atentando! O sinhô me dá licença, preciso fazer o almoço! — e rápida como uma mosca em fuga, saiu em direção à cozinha, deixando Juventino ainda mais assustado, tremendo feito vara verde.

— Ai, Coronel! Eu num quebrei nada! Só tava contando uma coisa pra Nastácia, mas ela num acreditou. Foi só isso, juro por Deus!

Juventino conhecia muito bem o seu patrão e sabia que aquele olhar penetrante do Coronel significava mais uma surra. Mas, dessa vez, o menino foi salvo por Maria Teresa, que veio conferir o que acontecia em virtude dos barulhos que ouvira:

— Deixe-o, papai. É só uma criança!

— É... só uma criança, Coronel! — reforçou Juventino.

Extremamente irritado, Francisco cedeu ao pedido da filha, largando o chicote. E dirigindo-se ao garoto, perguntou energicamente:

– Onde é que está o Solano?

– Sei não! Mas se o sinhô quisé, vou procurá agora mesmo!

– Então vá logo!

– Sim sinhô, tô indo! – complementou Juventino, saindo em disparada.

Francisco suspirou profundamente e sentou-se, fumegando de raiva:

– Esse moleque me tira do sério! Ele só fica aqui mesmo por causa de Aurora. Se eu não tivesse prometido a ela, na hora de sua morte, que cuidaria desse atrevido, já teria expulsado ele daqui.

– Calma, papai! O senhor tem andado tão nervoso ultimamente!

A voz de Maria Teresa, cujo timbre em muito assemelhava-se ao da mãe, tinha um efeito poderoso sobre o comportamento agitado do Coronel.

– São esses problemas da exportação, minha filha!

– Mas já não está tudo encaminhado?

– Sim, está! Mas me preocupo com o que esses empregados podem estar fazendo. Às vezes, desconfio que alguns deles estão me roubando...

– Roubando, papai? Ora, não acredito que isso esteja acontecendo!

– Não sei não! Não dá pra confiar muito nessa gentalha!

A ganância e a possibilidade do lucro rápido com as exportações do café obcecavam o Coronel, que sequer admitia a mais remota possibilidade de um fracasso comercial. Se alguém lhe roubasse uma saca de café que fosse, era como se lhe tirassem um pedaço de si mesmo. O verbo "perder" não fazia parte de seus projetos. Sua idéia fixa era: ganhar e ganhar! Era uma forma de compensar, ainda que materialmente, a perda inesperada da esposa, a quem amava verdadeiramente.

Talvez percebendo essa dimensão psicológica do pai, caracterizada por uma profunda carência afetiva, Maria Teresa aproximou-se e, acariciando-lhe a cabeça, falou carinhosamente:

– Calma, paizinho! O senhor está tão tenso! Desde que mamãe faleceu, o senhor não teve mais o carinho dela para confortar o seu coração. E eu, por minha vez, fiquei tanto tempo na Europa, não pude ficar do seu lado para o auxiliar. Mas agora eu estou aqui! Não se aflija!

Mais calmo, Francisco desabafou:

– É, minha filha, você não sabe como é difícil administrar essas terras! Mas todo esse sacrifício é para garantir nosso futuro. E também de nossos herdeiros... Por falar nisso, quando é que meu neto vai vir, hein?

Ante a pergunta inesperada, Maria Teresa mostrou-se indecisa:

– Não sei, papai! Isso depende da vontade de Deus! Mas, por enquanto, é até bom que não tenha vindo! Ainda me sinto tão nova!

– Ora essa, nova que nada! Quando você nasceu, Aurora nem tinha a sua idade.

Maria Teresa não quis decepcionar o pai. Mas no período em que estava na Europa, por duas vezes, viu frustrada sua tentativa de engravidar. Dois abortos naturais impediram-na de ter o desejado filho. Preocupados com tal fato, ela e Solano procuraram, ainda na Europa, o recurso médico, a fim de verificar o problema, quando, então, vieram a saber que Maria Teresa apresentava uma deficiência orgânica em seu aparelho reprodutor e dificilmente conseguiria ter um filho[2]. Percebendo, no entanto, que este assunto dava um novo ânimo ao pai, fazendo-o esquecer-se dos problemas da fazenda, Maria Teresa procurou dar-lhe uma esperança:

– Bem, se uma criança vai fazer o senhor mais calmo e feliz...

O Coronel nem esperou a filha concluir o pensamento, interrompendo-a com sua prepotência:

– Já tenho até um nome para o meu neto: Henrique!... Henrique Francisco de Almeida Lopes!

Os olhos de Francisco brilhavam, enquanto fitavam fixamente o horizonte, através da janela de onde se via parte do cafezal. Esse era o seu grande desejo: ter um neto, um herdeiro homem, que, no futuro, pudesse dar continuidade aos seus negócios. Era a garantia da perpetuação do nome da família Almeida Lopes e da marca "Nova Aurora", que lhe eram motivo de tanto orgulho.

Surpreendida com a decisão do pai, que sequer lhe solicitou uma opinião a respeito, Maria Teresa reagiu:

– E o sobrenome de Solano, papai? Afinal de contas, ele será o pai de seu neto!

Um tanto contrafeito, Francisco respondeu:

---

[2] *Reflexos dos desvios de comportamento de Maria Teresa em encarnação passada, quando, sob o nome de Christine, não soube dar o devido valor ao corpo.*

— Tudo bem! Mas que fique no fim. Primeiro, o meu nome e sobrenome: Henrique Francisco de Almeida Lopes... – e após uma pausa, em que fez uma expressão de desdém, concluiu: – ...Sampaio!

O Coronel ainda estava com o olhar vago, como que fixando um futuro que ele próprio criara em sua imaginação, quando foi interrompido por Juventino, que entrou correndo e apavorado, gritando aflito:

— Coronel... Sinhazinha... Coronel!...

— O que é que foi, Juventino?

A emoção do menino era muito forte. O rubor da face era de uma vermelhidão nunca antes vista. Ofegante, engasgado, ele mal conseguia dar vazão à fala:

— ...Tragédia!... uma tragédia, Coronel!... Dr. Solano...

— Fale direito, seu peste. Até parece que está com uma batata quente na boca! O que é que tem o Solano?

— ...Mataram o Dr. Solano, Coronel!...

A notícia caiu como uma bomba sobre Francisco e Maria Teresa.

CAPÍTULO VII

SEM SOLUÇÃO

Aurora fez uma interrupção em sua narrativa. Lágrimas discretas corriam-lhe na face, enquanto eu, estupefato, deixava-me envolver pelas emoções, extremamente impressionado com a história que ouvia, narrada que era de forma tão viva.

A noite já estava alta, e no céu, extremamente límpido, infindáveis estrelas se aglomeravam, formando a gigantesca via leitosa, revelando a beleza e a magia do cosmo, capaz de deixar em êxtase aqueles que têm olhos de ver a imensidão, e ouvidos de ouvir o silêncio majestoso do Criador.

Intimamente, eu me perturbava! Mataram Solano! Como? Por quê? Que motivos haveria para o seu assassinato? Se a vítima fosse o Coronel, talvez não ficasse tão surpreso, afinal, Francisco apresentava um caráter rude, soberbo, prepotente, com certeza teria muitos inimigos. Mas, e Solano? Não era ele um bom rapaz, honesto, correto, respeitado, cercado de amigos e de pessoas que lhe queriam bem? Quem teria feito aquela barbárie? E por quê?

Apesar desse turbilhão de perguntas a fervilhar em

minha mente, preferi calar, respeitando o silêncio que imperava no momento.

A esposa do Coronel levou graciosamente a mão ao rosto para enxugar as lágrimas ligeiras que lhe umedeciam a face alva, e em seguida falou, com resignação, adivinhando os meus pensamentos:

— Entre eles, na Terra, nunca se descobriu quem cometeu esse crime. Apenas descobriram que a causa da morte foi uma coronhada na nuca. O corpo foi encontrado próximo a um rancho. Não havia sinais de luta, pois Solano era uma pessoa calma, nunca brigara com quem quer que fosse. Naquele dia fatídico, o que ocorreu, talvez, foi um pequeno desentendimento, e o assassino imediatamente partiu para a agressão fatal. Na investigação, alguns empregados disseram coisas desencontradas, uns dizendo terem visto um homem estranho na fazenda, outros que Solano estaria muito nervoso, mas nada foi comprovado.

Mergulhado em dúvidas, pensava, comigo mesmo: onde estaria Solano, agora? Em que situação ele se encontraria no mundo espiritual? Estaria precisando de ajuda? Iria fazer estas perguntas a Aurora, mas ao olhar para a nobre matrona, enxerguei a aflição do coração materno. Fitei-a em seus olhos, como a desnudar-lhe os sentimentos mais íntimos, e mudei o alvo da pergunta:

— E sua filha, Maria Teresa, como reagiu à morte do esposo?

Aurora respirou profundamente para refazer-se da emoção, conseguindo forças para falar:

— Ah, minha filha querida! Como sofreu! Daqui, sentia as dores que dilaceravam seu coração dócil e frágil.

Mesmo reconhecendo a nobreza espiritual da esposa do Coronel, procurei amenizar sua dor de mãe:

— Deus, nosso Pai, jamais abandona seus filhos. Tenho certeza que Maria Teresa não ficou desamparada!

Aurora esboçou um discreto sorriso:

— Sim, eu sei! Alguns amigos espirituais a ajudaram muito. Eu mesma, algumas vezes, estive ao seu lado, intuindo-lhe pensamentos elevados para tentar confortar-lhe o coração. Mas esquivava-me de me aproximar muito, pois ela registrava minha presença através da saudade, e isso aumentava ainda mais sua dor. Então, restava-me orar, pedindo a Deus que lhe levasse o lenitivo da esperança. E a Sua misericórdia jamais nos faltou.

Aurora fez nova pausa reflexiva. Após um breve momento de silêncio, que respeitei, a esposa de Francisco retomou o rumo da narrativa.

* * *

A família enlutada retornava dos funerais de Solano. A pequena comitiva, formada pelo Coronel e Maria Teresa, esta abraçada a Nastácia e Juventino, caminhava lentamente de volta à casa grande, sendo que, pouco mais atrás, vinham o deputado Rubens e o pároco da Vila, padre Honório, conversando. Rubens mostrava-se inconformado:

— Como pode isso, padre Honório? Solano, tão novo ainda, tinha a vida toda pela frente...

O padre, um descendente de italiano, baixo de estatura, um tanto calvo, dentro de sua lógica religiosa, não encontrava razões para explicar tal fato:

— É verdade, Dr. Rubens, é verdade! Sabe, mesmo a

gente sendo padre, às vezes fica difícil entendê os desígnios de Dio! Io também no compreendo os mistérios de Dio Santo! Ma, que que se há de fazê, hã? Aceitá!... Aceitá e se resigná!...

Alguns passos silenciosos se seguiram. Ninguém, de fato, encontrava razões para explicar um crime tão covarde. Foi padre Honório quem quebrou o silêncio, procurando trazer palavras de consolo aos familiares:

– Ma, é nessas hora que se prova a Dio o tamanho de nossa fé, hã?

Ao chegarem à varanda da casa grande, Maria Teresa estava extremamente abatida:

– Os senhores me dão licença, eu preciso descansar um pouco!

– Sim, filha! Vá descansá, vá! – disse o padre Honório, com sua gesticulação característica.

Maria Teresa entrou, sempre amparada por Nastácia e Juventino, enquanto Francisco, Rubens e o padre Honório permaneceram na varanda. O deputado e o padre sentaram-se nas cadeiras ali dispostas, profundamente reflexivos, olhando o Sol que lentamente ia se pondo no horizonte, mas o Coronel, extremamente impaciente, caminhava de um lado para outro, inquieto:

– Lá se foi meu braço forte aqui da Fazenda. Quem será o desgraçado que fez isso com Solano?

– Foi com a vontade de Dio Santo, Coronel! Conforme-se!

– Que vontade de Deus o que, padre? – retorquiu Francisco. – Por acaso, Deus sai por aí matando gente? Isso é coisa de bandido, sem-vergonha, que está com inveja de mim, só porque eu consegui vender meu café para os europeus! Só pode ser coisa do Bernardes...

Rubens interrompeu, curioso:

– Bernardes? Não é o proprietário da fazenda que faz limite com a sua, Coronel?

– É – respondeu o sogro de Solano. – Lá pelo lado do oeste.

Padre Honório reagiu ante a denúncia de Francisco:

– Ma filho! Não pode ficá julgando as pessoa assim sem sabê, nó?

– Aquele desgraçado sempre teve inveja de mim, padre, por causa de uma nascente que eu tenho em minhas terras... Uma vez eu vi os peões dele mudando os mourões da cerca, para que a fonte ficasse no lado dele. Fomos parar na justiça!...

– Eu me lembro desse fato! – comentou Rubens. – Solano já havia-me contado. Foi ele, inclusive, quem advogou neste caso!

– Isso mesmo! Graças ao Solano, que era um excelente advogado, conseguimos demarcar os limites das terras e a nascente voltou a ser definitivamente minha...

– Solano era muito competente, não é mesmo, Coronel? – exclamou o deputado.

Francisco expressou um semblante ambíguo. Rubens e o padre, olhando-o, à primeira vista, talvez não tenham enxergado nada além de uma revolta incontida. Mas um olhar mais atento mostraria que no semblante do Coronel, misturado ao ódio, escondia-se um profundo sentimento de amargura. Primeiro, a esposa amada, que a fatalidade da doença lhe arrancara abruptamente; agora, Solano, justamente aquele que estava lhe ajudando a reconstruir a vida, covardemente assassinado! Foram dois duros golpes que o tomaram de surpresa. Depois de um suspiro profundo, o Coronel Francisco respondeu ao comentário de Rubens:

– Bastante competente! Pelo menos nele eu podia confiar... – e após ligeira pausa, onde o sentimento de amargura foi vencido pelo ódio, continuou – ...Mas se esses bandidos que mataram o Solano acham que me derrotaram, estão muito enganados. Eu vou encontrar outro administrador. Tem que ser alguém que tenha as mesmas qualidades de Solano! De preferência, um advogado... pessoa confiável... que entenda dessa burocracia da exportação...

Padre Honório quase riu nesse momento. Não o fez em respeito ao luto do Coronel Francisco. Mas, com seu jeito gesticulador, característico de imigrante italiano, asseverou:

– Isso é que vai ser difícil, Coronel! Encontrar gente honesta e trabalhadeira, nos dia de hoje, é pior que achar agulha no palheiro! Veja lá pela nossa paróquia, hã? Mal acaba as missa... e o povo vai tudo s'imbora. E a nossa caixinha de doações fica vazia!...

Rubens discordou:

– Com todo respeito à sua opinião, padre, mas eu acredito muito na competência do Coronel, e tenho certeza que ele vai achar uma pessoa de sua confiança que vai saber administrar, e muito bem, essa fazenda.

– Ainda é cedo para decidir sobre isso. Tudo é muito recente – disse o Coronel. E após colocar a mão sobre o ombro de Rubens, complementou: – Mas acho que temos algumas coisas para conversar, Deputado...

CAPÍTULO VIII

A VIDA SEGUE

Três meses se passaram. A movimentação de trabalhadores na lavoura, no beneficiamento do café e no transporte, não obstante o luto na família, continuava no mesmo ritmo, conseqüência de uma excelente safra. Quem visse a fazenda, com toda aquela agitação, com homens trabalhando diuturnamente, não imaginaria, no entanto, o clima de tristeza que reinava no interior da casa grande.

Maria Teresa, sempre muito abatida, passava dias e noites trancada em seus aposentos, mal saindo para comer alguma coisa, na hora das refeições, para logo em seguida retornar ao quarto e lá ficar o resto do dia, praticamente sozinha. Em vão, Nastácia a convidava para seus costumeiros bordados ou passeios pela fazenda. De vez em quando consentia em sair de casa, mas para ir à missa, a fim de orar pela alma de seu falecido esposo.

Nastácia e Juventino, seus fiéis companheiros, sentiam-se impotentes, pois não conseguiam retirar a filha do Coronel daquele clima de tristeza.

– Sinhazinha precisa se distrair um pouco!... Faz três mês que Dr. Solano morreu e três mês que Sinhá não sai da casa grande. Anda muito triste! Fique assim não! – dizia Nastácia à jovem filha do Coronel, enquanto penteava seus cabelos, a fim de modificar seu visual de abatimento.

– É a segunda jóia que eu perdi na vida, Nastácia! Primeiro, minha mãezinha. Agora, meu querido Solano.

– Eu sei! – falava Nastácia, em tom de ternura maternal. – Mas eu também perdi minha mãe e meu pai, e tô aqui. O Juventino também não tem pai nem mãe. Nem conheceu eles, mas ele também tá aqui!... Vai sabê qual é a vontade de Deus, né? Mas se a Sinhá ainda tá aqui, de carne e osso, é porque Deus qué que Sinhá fique aqui, pra vivê aqui! Então, Sinhá tem que sê forte! Sinhazinha é tão jovem ainda, tão bonita, parece inté uma princesa! Num carece de ficar assim, não!

Nastácia podia ser uma analfabeta, pouco instruída, mas possuía os conhecimentos empíricos que a vida lhe ensinara. E escondido nas profundezas do inconsciente, oriundas de experiências de outras encarnações, sedimentavam-se grandes verdades morais, dificilmente aprendidas nos bancos escolares. Verdades que ajudam nos momentos mais difíceis da vida, como a resignação, a coragem para o enfrentamento dos reveses que se nos apresentam e a disposição para mudá-los. Assim, na sua forma simples de falar, Nastácia procurava confortar a filha do Coronel, tentando demovê-la do abatimento e auxiliando-a a contornar os duros golpes que a vida lhe dera.

Se Maria Teresa atravessava seu martírio, marcado pela tristeza e pelo desânimo, o Coronel Francisco, ao contrário, não perdia as características enérgicas de sua personalidade. Procurava manter-se sempre altivo, rude, frio, como se nada lhe tivesse acontecido. Intimamente, podia apresentar seus abalos emocionais, mas, externamente, transparecia a imagem do homem forte, severo, pois qualquer sinal de fraqueza, pensava ele, poderia ser fatal diante de pessoas que, aproveitando-se da situação, poderiam ludibriá-lo nos negócios. Não poderia passar a imagem de um fraco, jamais!

Assim, tão logo verificou-se o funeral do genro, o Coronel tratou imediatamente de providenciar um substituto para o ex-administrador da fazenda. A tendência natural seria a opção pelo Deputado Rubens, que parecia ser a pessoa ideal para a função. Era advogado, como Solano, amigo deste, político importante, conhecedor da burocracia, enfim, o homem certo! Poderia ser um grande aliado!

Porém, num primeiro momento, Francisco vacilou. Não sabia definir exatamente o que era, mas perturbava-se com alguma coisa em Rubens, e isso vinha desde o dia quando o conheceu. Apesar de todas as qualidades positivas que possuía, o amigo de Solano trazia alguma coisa em si que intranqüilizava o Coronel, que, de certa forma, temia aquele homem, pois, intuitivamente, sentia que ele poderia não ser uma pessoa totalmente confiável, devendo tomar cuidado com ele.[3]

Ao mesmo tempo, porém, como num intenso duelo de idéias travado dentro da consciência, Francisco ouvia vozes internas, tentando tirar-lhe aquela impressão. Oras, o que Rubens havia feito para ele? Nada! Pelo contrário, até então, Rubens mostrara-se totalmente prestativo. Fora ele quem agilizara o processo de exportação! Tantos outros favores o deputado já lhe houvera prestado. De onde vinha, então, essa impressão negativa? Eram bobagens de sua mente!

---

[3] *Eram as lembranças do passado, registradas nos arquivos do subconsciente do Coronel, e que lhe causavam esta vaga impressão.*

Assim, após vencidos os temores iniciais, o Coronel deixou-se convencer pelas conveniências de ter o deputado como seu aliado, na administração da fazenda. Sem dúvida, através da influência política de Rubens, Francisco seria amplamente beneficiado com os acessos e as facilitações que o deputado poderia lhe proporcionar, auxiliando, em muito, nos seus negócios. Esses argumentos foram suficientes para que Francisco convidasse Rubens para desempenhar a função até então exercida com zelo pelo genro.

O deputado, muito satisfeito com a honraria e com a confiança que lhe foi depositada, aceitou de pronto o convite. E não decepcionou o Coronel. Ao contrário, suas primeiras ações, como administrador, revelaram o mesmo cuidado, a mesma presteza e a mesma dedicação desempenhados pelo falecido esposo de Maria Teresa, o que fez com que Francisco, aos poucos, fosse modificando sua opinião a respeito de Rubens.

Tal foi a mudança de postura do Coronel que, passado não muito tempo, este tomou algumas resoluções, mandando chamar Rubens, para tomar ciência delas, numa conversa em particular.

No dia marcado, o deputado chegou à casa grande, encontrando Juventino em alguns afazeres domésticos.

– Juventino, você viu o Coronel por aí?

– Coronel num tá não, Dr. Rubens. Ele saiu.

– Estranho! Ele pediu para que eu viesse aqui. Disse que queria falar comigo.

– O Coronel é home de palavra. Se ele disse, então ele vem. E ele num deve demorar não. Já faz um bastantão de tempo que ele saiu. Se o sinhô quisé, o sinhô pode ficá esperando.

De fato, não demorou muito, ouviram-se as fortes passadas de Francisco aproximando-se da sala onde Rubens aguardava.

– Ó, acho que é ele que tá chegando! – concluiu Juventino.

O Coronel adentrou resoluto e, com um olhar de satisfação ao ver que Rubens atendera ao seu convite, aproximou-se do deputado, estendendo-lhe a mão para o cumprimento.

– Rubens, que bom vê-lo aqui.

– Seu chamado é uma ordem, Coronel.

– Sente-se, por favor.

Juventino arrastou uma cadeira para que Rubens pudesse sentar-se. O deputado acomodou-se e Juventino, curioso para saber o que eles iriam conversar, permaneceu de pé, ao lado de Rubens. O Coronel fez apenas uma carranca para Juventino, que, amedrontado e envergonhado, saiu quase em disparada.

Ficando a sós com o deputado, o Coronel iniciou a conversa:

– Meu caro Rubens, saiba você que estou muito feliz com minha decisão de colocá-lo no lugar de Solano para resolver essa questão da exportação. Você tem sido uma pessoa muito competente e responsável!

– Fico lisonjeado, Coronel.

– Mas o que eu quero falar com você não é nada

sobre as exportações de café, que estão indo muito bem!... É sobre Maria Teresa.

Rubens expressou um olhar de surpresa. Porém, sem alardes, colocou-se todo ouvidos:

— Pois não, Coronel!

— Depois que enviuvou – continuou Francisco –, ela anda muito abatida. Acho que Maria Teresa deveria conhecer outra pessoa, alguém que a fizesse esquecer Solano. Quem sabe, até, um novo casamento a faria reanimada!

Aparentando não entender ao certo onde o Coronel queria chegar, Rubens começou a desconfiar das intenções de Francisco. No entanto, não comentou nada, apenas fez uma expressão entendida pelo Coronel como um convite para que continuasse a conversa. Francisco foi direto ao assunto:

— E acho que você, Rubens, é a pessoa ideal!

O deputado levantou-se, revelando surpresa:

— Como, Coronel?

— Sim, isso mesmo! Você é pessoa de minha confiança. Já está administrando e muito bem a fazenda, no lugar do Solano. Você já é, praticamente, da família. De minha parte, não vejo nenhum problema. Tem o meu consentimento. O que você acha?

Rubens chegou a titubear. Caminhou para um lado, depois voltou. Não acreditava no que ouvia. Após alguns instantes, tomou coragem e falou:

— Coronel, Maria Teresa me parece uma mulher extraordinária. Qual homem não gostaria de tê-la como esposa?... Mas, fico pensando... ela era mulher do meu melhor amigo e...

– Bobagens! Nem pense nisso! – cortou Francisco.

– Bem, Coronel, para ser sincero com o senhor, há algum tempo vinha pensando nesta possibilidade. Condoía-me ver Maria Teresa, tão bela, tão jovem, rodeada de tanto sofrimento. E de certa forma, este meu sentimento de compaixão foi crescendo, transformando-se num sentimento mais afetuoso. Conhecendo, porém, a situação trágica e inesperada da morte de Solano, não queria me apresentar como um oportunista inconveniente. Mas, confesso-lhe, sinto, sim, um sentimento especial por sua filha, no entanto precisaria saber a opinião dela a respeito.

– Creio que ela aceitará! Talvez não agora. Dê tempo ao tempo. Ela vai acabar consentindo.

Rubens agora mostrava-se extremamente sorridente e satisfeito:

– Fico muito orgulhoso de merecer sua consideração, Coronel!

– Ora, que é isso? Orgulhoso fico eu, por contar com um deputado em minha família, meu caro Rubens.

CAPÍTULO IX

ENCARANDO A REALIDADE

Mais alguns dias transcorreram sem nenhum fato digno de registro. Maria Teresa, aos poucos, ia se habituando à situação, saindo de sua reclusão para juntar-se novamente à Nastácia, nos seus habituais bordados. Assim, o clima na casa grande ia mudando, dia após dia, perdendo aquele tom de tristeza até então reinante.

Diante da gradual mudança da filha do Coronel, Nastácia mostrava-se satisfeita e feliz, por ver que sua jovem ama, aos poucos, voltava a ser aquela moça cheia de vida de tempos passados. É assim que vamos encontrar as duas, certa tarde, à varanda, conversando, enquanto bordavam e assistiam a mais um espetáculo do pôr-do-sol.

– Juventino me falou que o Tião quer casar com você, Nastácia.

– Ara! Aquele moleque é uma matraca mesmo! Que que ele tem que se metê na vida dos outro!

– O Juventino é só uma criança. Ele não tem malícia. Então, é verdade?

Nastácia, apesar da intimidade que tinha com a filha

do Coronel, corou de vergonha. E tampando os dentes com a mão, como sempre fazia quando se sentia envergonhada, começou a rir, encabulada, confirmando o que Juventino havia dito.

Maria Teresa ficou feliz e sorriu:

– Que bom, Nastácia! O Tião é um bom rapaz. Fico muito feliz por vocês! Espero que você seja muito feliz, já que eu não pude ser!

– Ah, diz isso não, Sinhá! A senhora também vai ser feliz. Não é porque Dotô Solano morreu que a sua vida acabou! Ói, vou lhe dizê uma coisa: eu acho o deputado um bom partido pra Sinhá! Já viu como ele é bonito? Tão prefumado!...

Neste exato momento, por coincidência, Rubens saía da casa do Coronel e, ao chegar à varanda, deparou com as duas jovens confabulando. Rubens ouviu as últimas palavras de Nastácia. Esta, ao ser surpreendida pela presença do deputado, marota que era, começou a rir, pegou seu bordado e saiu correndo e sorrindo, tampando os dentes com a mão, como de costume. Mas era possível ouvir suas palavras enquanto entrava na casa:

– ... Eu não acho nada, nem falei nada, viu, Sinhazinha? E eu tô indo porque eu não sei de nada... Dá licença, seu deputado... – e lá desapareceu Nastácia, com os risos abafados.

Pela primeira vez, Rubens achou graça na atitude ingênua de um criado da casa. Em seguida, aproximou-se da jovem filha do Coronel que, nesta tarde, estava muito linda. Sua palidez adquiria um tom dourado, ao contato com os últimos raios do Sol, e seus olhos tristes e melancólicos davam-lhe uma beleza angelical.

– Como vai, Maria Teresa?

— Está muito difícil pra mim, Sr. Rubens!

Aos olhos do simples mortal, esta cena seria tão somente a romântica aproximação de um galante rapaz a uma bela jovem. Mas a dimensão espiritual revelava uma terceira personagem. Solano, ainda aturdido com sua situação, sem compreender o que acontecia consigo mesmo, visto que até então achava-se perdido em regiões estranhas, viu-se, de repente, frente a frente com sua esposa e seu amigo de juventude, desconhecendo as razões pelas quais fora atraído, de repente, para aquela varanda. E ali, sem que fosse visto por Maria Teresa e Rubens, presenciou toda a cena que se seguiu.

O deputado aproximou-se da viúva de Solano e tomou-a pelo braço.

— Maria Teresa, por que você ainda insiste em me chamar de Senhor?

— Desculpe-me, Sr. Rubens. É por costume...

— Somos amigos há tanto tempo, não é mesmo? Nosso relacionamento não precisa ser tão formal! – Ao dizer isso, Rubens aproximou de si Maria Teresa, puxando-a pelo braço e tentando abraçá-la.

Solano, completamente surpreso, não entendia o que acontecia à sua frente. Inconformado com aquela situação imprevista, resmungava, soltava gritos monossilábicos, tentava segurar Rubens, tentando fazê-lo soltar Maria Teresa. Mas, tudo em vão. Quanto mais tentava, mais infrutíferos eram os resultados. Desesperava-se.

Maria Teresa, talvez sentindo as vibrações de seu marido, reagiu à investida de Rubens, empurrando-o com força.

— Por favor, Sr. Rubens, compreenda! Ainda amo muito Solano!...

Agredido no seu amor próprio, o deputado, um tanto exasperado, comentou:

— Pelo amor de Deus, Maria Teresa! Solano não existe mais! Morreu, acabou! Você não vai ficar a vida toda se lamentando por isso!

Maria Teresa não lhe deu atenção. Aproveitando que conseguira libertar-se dos braços de Rubens, bastante nervosa, saiu rapidamente, entrando em casa:

— Desculpe-me!... Mas não posso!... Não posso!...

Rubens ficou indignado. Não imaginava que receberia esse tratamento da filha do Coronel. Sentiu-se ferido no seu amor próprio. Era o orgulho masculino sendo confrontado. Como ele, um deputado, um homem com sua reputação e posição social, poderia ser preterido a um defunto? Sentimentos de revolta, associados a sentimentos de frustração, agigantavam-se em seu coração, dando-lhe um semblante de decepção, raiva e contrariedade.

Nada diferente disso era o semblante de Solano. Surpreendido com a cena inusitada, não conseguia concatenar as idéias e nem entendia o que lhe acontecia. As palavras de Rubens – de que ele, Solano, não existia mais, morrera, acabara – foram uma facada em seu peito. Como morrera? Ele estava ali, vivo. Ele existia! E por que a esposa e Rubens não o viam? Seria aquilo um pesadelo? O que estava acontecendo com ele?

Em meio a esses pensamentos desesperadores, Solano não conseguia fazer outra coisa senão encarar frente a frente a Rubens, deixando expelir, por seus olhos, chispas de revolta e indignação pela atitude do ex-amigo de juventude em relação a sua esposa. "Traidor" foi a palavra que lhe veio à mente neste momento.

Um ímpeto de raiva e desespero apossou-se de Solano, motivado pela impossibilidade de estrangular o amigo traidor a sua frente. Suas ações não produziam nenhum efeito, seus socos não atingiam o deputado, perdendo-se no ar. Um choro convulsivo, misturando dor e revolta, explodiu em seu semblante, fazendo com que ele saísse correndo em desespero, berrando como um louco, deixando aquele plano para entrar em outra dimensão espiritual.

Enquanto isso, ali na varanda, no mundo das formas materiais, Rubens procurava acalmar-se. Ante a atitude de insulto de que se julgara vítima, ainda estava imóvel, olhando para a porta por onde Maria Teresa entrara, deixando-o só. Seus pensamentos perdiam-se entre a indignação e a frustração, alimentados também pelas energias deletérias descarregadas pela mente espiritual de Solano. De repente, Juventino apareceu, ofegante, evidenciando que ele estava por perto, e chegou até ali correndo.

— O que é que deu na Sinhazinha, seu deputado? O que é que ela não pode?

Rubens assustou-se com o aparecimento repentino de Juventino. Ainda contagiado pelos sentimentos de indignação e revolta, respondeu ao adolescente com agressividade:

— Nada, Juventino, nada! Vá fazer as suas coisas, vamos!

Rubens nem esperou resposta de Juventino. Desceu os poucos degraus da escada da varanda, montou o seu cavalo e saiu a galope, em velocidade, deixando uma nuvem de pó esvaecer a imagem de sua partida.

Juventino, da varanda, estático e boquiaberto, acompanhou a saída frenética do deputado. Depois, correu para a cozinha, onde Nastácia terminava o jantar. Contou tudo o que viu para a criada.

— Cê tá falando a verdade, Juventino?

— Tô sim, Nastácia. E num é brincadeira não. Eu vi a Sinhazinha correndo, entrando na sala, quase chorando, dizendo "não posso, não posso"!

— Ué?! Não pode o quê?

Juventino deu de ombros:

— Num sei! Aí, eu fui preguntá pra esse homi que é deputado. Sabe o que ele fez? Olhou pra mim com cara feia e foi me dando ordem, me mandando trabalhá. Inté parecia o Coronel!

Nastácia ouvia atenta o relato de Juventino. Depois de provar um pouco do molho, que fervia ao fogo, olhou para o garoto com seus olhos negros e inquietos e comentou:

— Num sei não! Pelo que ocê tá me dizendo, esse deputado não tá me cheirando bem!

Juventino arregalou os olhos e falou com espanto:

— Ué, cê não vive dizendo que ele é prefumado?!

Nastácia ficou impaciente:

— Ah, Juventino! Ele é prefumado, mas não tá me cheirando bem, entendeu?

— Não!

— Ara, ocê é muito criânção ainda, num é pra entender mesmo! Olha aqui, acho bom ocê num falá nada dessa história pro Coronel! Inda mais que amanhã ele vai receber aquela medalha do governo. A gente não pode colocá mais minhoca na cabeça dele. Agora, vai pra lá, vai! Deixa eu terminar de fazê a janta. Depois eu falo com a Sinhazinha pra ver o que é que ela tem.

Nastácia enxotou Juventino, batendo nele com o pano de louça que trazia à mão.

Juventino saiu da cozinha matutando.

CAPÍTULO X

NESTOR

No dia seguinte, pela manhã, Rubens retornou à fazenda bem cedo. Ainda estava transtornado pelos episódios da véspera. Nervoso, percorreu toda a lavoura, com muita ansiedade, como se estivesse procurando por alguém. Estava atrás do Coronel.

Trazia consigo vários papéis que precisavam ser assinados por Francisco. Após longa caminhada, na busca do dono da fazenda, perguntando por um e outro trabalhador, que o indicavam para um local cada vez mais distante, foi encontrá-lo muito longe, quase nos limites da propriedade, averiguando os serviços de estaqueamento para uma nova cerca. Rubens aproximou-se e iniciou a conversa:

– Preparado para receber a comenda na solenidade de hoje à tarde, Coronel?

Francisco, atento aos peões trabalhando, não tinha percebido Rubens chegar. Ao ver o deputado, respondeu prontamente:

– Oh, claro, Rubens! Você irá conosco?

– Certamente, será um prazer! Agora de manhã, preciso resolver uns problemas, mas tão logo me desvencilhe dos compromissos, estarei aqui para acompanhar o senhor e também a Senhorinha.

O Coronel deu algumas ordens aos peões, indicando como ele gostaria que fosse feita a cerca, e depois, batendo no ombro de Rubens, convidou-o a retornar a casa grande, retomando a conversa.

– Por falar em minha filha, Rubens, já conversou com ela sobre aquele assunto?

Rubens mudou a fisionomia. O Coronel tocou exatamente no ponto de suas preocupações.

– Tentei, Coronel... Mas está difícil!... Maria Teresa não consegue me aceitar!

– Tenha calma! Não se preocupe! Tudo ainda é muito recente. Mas, daqui a pouco ela vai mudar. E esse casamento vai sair, Rubens! Tenho certeza!... Agora, vamos, preciso voltar lá pra lavoura e ver o que aqueles bichos do mato estão fazendo...

Rubens estava intranqüilo. Sua voz reticente, interpretada pelo Coronel como o nervosismo por causa da situação ainda não resolvida com Maria Teresa, na verdade escondia outras ansiedades. Enquanto o latifundiário caminhava a passos largos, Rubens, mais atrás, tentava acompanhá-lo, evidenciando uma oculta preocupação de quem quer resolver algum problema importante. Súbito, parou diante de uma pilha de madeiras e chamou Francisco.

– Só um minuto, Coronel. Como estamos próximo da fazenda do Bernardes, eu acho que vou por aqui, para cortar caminho, pois preciso ir lá conversar com seu administrador. Mas antes, como havia-lhe dito, o senhor precisa assinar aqui alguns papéis.

— Ah, é verdade! Deixe-me ver.

Apesar de Francisco estender a mão, solicitando que o deputado lhe entregasse a papelada, Rubens não o fez, mas sim, colocou cuidadosamente os papéis sobre a pilha de madeira que serviu de mesa improvisada para que o Coronel pudesse assinar. Entregou a caneta ao Coronel e indicou com o dedo o local da assinatura. Rubens segurava os papéis para que o vento não os levasse, e o Coronel assinou o que estava por cima dos demais. Rubens então levantou a parte inferior do papel, de forma que, na folha debaixo, ficava exposto apenas o local da assinatura, não sendo possível ao Coronel ler o que havia na parte superior da folha, sobreposta pelo papel de cima. Francisco assinou o segundo documento. Rubens repetiu o gesto mais uma vez, sempre indicando com o dedo onde Francisco deveria assinar. Percebendo que aquilo incomodava ao Coronel, Rubens fez ligeiro comentário:

— São alguns documentos exigidos pela Alfândega, Coronel, para a exportação.

— Sim! — respondeu Francisco enquanto assinava o terceiro papel.

— Mas eu creio que o senhor tem razão. Acho que Maria Teresa logo vai se acostumar com a idéia do casamento!

— Com certeza.

— E sendo assim, quem sabe eu poderei lhe dar o neto que o senhor tanto deseja...

Rubens foi estratégico. Tocou no ponto fraco de

Francisco que, por um momento, desligou-se das assinaturas. Deu um sorriso de satisfação e comentou:

– Nada me deixaria mais feliz do que ver uma criança correndo, brincando e trazendo alegria para minha casa, meu caro Rubens. O meu futuro herdeiro... – e envolvido por aquele sentimento de alegria, acompanhado por sonora gargalhada, Francisco tirou de sua mente qualquer suspeita e assinou, despreocupadamente, mesmo sem ler, todos os papéis que lhe foram apresentados por Rubens.

– Pronto! Mais alguma coisa para assinar? – perguntou o Coronel, enquanto devolvia a caneta a Rubens.

– Não, senhor! Era o que estava faltando.

– Ótimo! Agora, se você me dá licença, vou lá ver o que é que os peões estão fazendo.

– Fique à vontade, Coronel! – complementou Rubens.

Francisco tomou o caminho de volta à lavoura enquanto o deputado fingiu ir em direção à fazenda vizinha, como informara ao Coronel. Porém, deu alguns passos, parou atrás de uma árvore e dali começou a observar o fazendeiro retornando. À medida que Francisco se afastava, Rubens modificava radicalmente seu estado emocional. Seu semblante, antes tenso e preocupado, evidenciava agora uma sensação de alívio, uma euforia incontida. Seus lábios, inicialmente trêmulos, expressando risos curtos, foram se alargando e não demorou muito, gargalhadas saíram naturalmente. Suas mãos, que seguravam com muito vigor a papelada assinada pelo Coronel, tremiam. Quando o dono da fazenda estava a uma distância considerável, Rubens separou todos os papéis e dentre eles destacou um. Olhou-o atentamente e começou a gargalhar como um louco:

– ... Não acredito... Consegui!... Consegui!... Que velho burro... assinou o testamento e nem leu!... Tudo está dando certo e, em breve, essas terras serão minhas!... Minhas...

E ali ficou longo tempo, rindo em estado de quase loucura, como que descarregando as tensões que antecederam aquele momento decisivo, que modificava radicalmente o rumo de sua vida.

Não acreditava no que via. Lia, relia e beijava seguidamente o testamento assinado pelo próprio Coronel, que dava a ele, Rubens, a posse de todas as terras de Francisco de Almeida Lopes, no caso de morte deste. O documento, obviamente redigido pelo próprio deputado, fora muito bem escrito e não deixava dúvidas. Tudo, simplesmente tudo, passaria automaticamente para Rubens.

No auge da euforia, o ex-amigo de Solano tomou o atalho que o levaria ao local onde havia deixado seu cavalo. Pretendia ir para a cidade, onde tomaria outras providências, dando seqüência aos seus planos maquiavélicos de apossar-se das terras do Coronel.

Caminhava rapidamente por entre alguns arbustos e árvores, com pensamentos fervilhantes, quando, de repente, foi barrado por um homem extremamente mal encarado, que surgiu à sua frente, saindo da mata fechada. Alto, forte, barba por fazer, camisa aberta ao peito, sujo, e portando uma arma, o sujeito impressionava por sua aparência gigante e ameaçadora. Era um autêntico capanga matador profissional. Assustado, Rubens paralisou, pálido como cera.

– Acho que já tá na hora de acertar as contas, seu deputado! – disse-lhe o capanga.

Extremamente nervoso, Rubens olhou em todas as

direções para ver se não havia mais ninguém. Depois falou, quase em tom de cochicho, com medo que alguém o escutasse:

— O que é que você está fazendo aqui, Nestor? Eu disse que ia lá para acertar isso hoje à tarde. Não precisava vir até aqui.

— Eu não sou home de ficá esperando muito tempo! O serviço foi feito já faz quase cinco mês e o sinhô ainda não acertou tudo. Tá faltando uma parte.

— Belo serviço que você fez, por sinal, não é mesmo, seu ignorante?! Não precisava ter matado o Solano... O trato era só pegar aqueles documentos...

Nestor irritou-se, principalmente pelo fato de ter sido chamado de ignorante. Com violência, puxou Rubens pelo colarinho, quase enforcando-o e, roçando o cabo do revólver no seu rosto, falou cara a cara, quase cuspindo na face do deputado:

— Eu escutei muito bem quando o deputado falou que precisava eliminar Solano do seu caminho... Mas se não gostou do serviço, num tem problema. Posso acabá com o sinhô agora mesmo, e de graça...

Amedrontado e sufocado, Rubens quase não conseguia falar. Com muito esforço, pôde dizer:

— Está bem... me desculpe!... Agora, me largue!... Vou fazer o pagamento!...

Nestor o soltou. Respirando aliviado, Rubens se recompôs, ajeitando o paletó e o colarinho, pegou do bolso algumas notas de dinheiro, entregando-as ao capanga que, imediatamente, arrancou da mão do deputado e começou a contá-las.

Enquanto Nestor contava, Rubens retirou do bolso outro maço e entregou-o também ao bandido, ameaçando-o:

— O primeiro que lhe dei era a última parte do que eu lhe devia. E este aqui é para manter o bico calado, ouviu bem?!

Nestor pegou das mãos de Rubens o segundo maço e comentou:

— Fique sossegado, seu deputado. Tenho consideração pelos cliente que cumpre com a palavra.

— Está bem! Agora vá!

Nestor enfiou os dois bolos de dinheiro no bolso da calça e estava tomando o caminho do atalho de onde surgira, quando Rubens, após uma rápida reflexão, o chamou:

— Espere um pouco, Nestor!

O capanga parou e olhou desconfiado para Rubens. Este, após olhar em todas direções, para ver se não havia alguém por perto os observando, comentou:

— Eu preciso de um outro serviço seu. Vamos!

E os dois seguiram pelo atalho que Rubens havia tomado inicialmente.

Algumas dezenas de metros à frente, os dois caminhavam por entre arbustos, conversando quase em tom de cochicho. Não muito longe dali, dois olhos atentos observavam os passos apressados de Rubens e Nestor. Era Juventino, escondido no meio do mato.

CAPÍTULO XI

PREMONIÇÕES DE JUVENTINO

Juventino tinha o costume de, nas horas de folga, quando o Coronel não o observava, ficar caminhando pela lavoura, correndo atrás de pequenos animais. Não seria por outro motivo que ele estava ali, quando observou Rubens e o capanga caminhando pelo estranho atalho. Ao ver aqueles dois homens em atitudes bastante suspeitas, embrenhando mato a dentro, tratou de ir correndo para casa a fim de contar para alguém a respeito do que vira.

Seus pensamentos fervilhavam e estranhos pressentimentos assomavam-lhe a mente. Conseguira identificar aquele homem estranho. Já o tinha visto algumas vezes na fazenda, nos últimos dias. Sabia, por intermédio de outros trabalhadores da roça, que seu nome era Nestor, e que fora contratado por Rubens para serviços ocasionais na lavoura. Causava-lhe má impressão o aspecto sujo e repulsivo daquele peão. E por que ele só aparecia de vez em quando na fazenda? Por que não era um trabalhador diário como todos os outros? O que ele fazia de especial para vir ocasionalmente na fazenda? E o que o deputado Rubens estaria conversando com ele?

Com essas perguntas na cabeça, Juventino já estava

se aproximando da residência do Coronel, quando viu que Padre Honório saía da casa e caminhava em direção à Paróquia. Ali mesmo, no meio do caminho, agarrou o padre pelo braço, puxando-o para um canto protegido pela sombra de frondosa árvore.

– Padre "Orónio", vem cá que eu quero falar uma coisa pro sinhô...

O Padre, ainda refazendo-se do susto que tomara com a chegada brusca do garoto a puxar-lhe o braço, falou um tanto quanto indignado:

– Filho, quantas vez eu já lhe disse que meu nome non é "Orónio"! É Ho-nó-rio!...

– Ah, também! Por que a mãe do sinhô não colocou um nome mais fácil, hein?

– Porque ela gostava desse nome e pronto, ora bolas! Ma, diga lá, o que tá te afligindo, hã?

Juventino puxou o padre pelo braço, fazendo-o curvar-se, para que ele pudesse cochichar ao seu ouvido.

– Eu quero confessar uma coisa pro sinhô, padre...

– Ma, enton, aqui non é lugá de se confessá. Vamo lá pra paróquia!

– Não posso padre! Daqui a pouco eu tenho que trabalhá na roça, senão o Coronel me mata! Vou confessar pro sinhô aqui mesmo!

O padre abriu os braços para o céu:

– Ah, Dio santo! Essas criança de hoje em dia!... Tá bene! Me fala o que é...

Juventino fez o padre curvar-se novamente e cochichou ao seu ouvido:

– O senhor conhece o Nestor?

— Non! Que Nestor?

— É um peão carrancudo que, de uns tempo pra cá, de vez em quando aparece aqui na fazenda. Ele fica sempre na roça, mastigando um palito no canto da boca e olhando desconfiado... Até parece que vai comê a gente só com o bago dos olho...

— Sim, e daí?

— Daí que eu vi o deputado conversando com o Nestor, padre!

— E daí?

— Como e daí? Daí que eles tavam conversando...

Padre Honório deu uma gargalhada:

— Ah, ma que grande cosa! Qué que tem eles se conversá? Non é pecado nenhum!

— Só que eles num tavam conversando. Eles tavam tramando alguma coisa! – segredou Juventino.

— Tramando o quê?

— Eu num sei, padre! Eu não escutei o que eles tavam falando. Eu tava longe!

— Ma, enton, como é que cê sabe se eles tavam tramando ou destramando alguma cosa, hã?

Juventino encarou o padre e falou com muita convicção:

— É que esse Nestor é muito carrancudo, eu não gosto dele! E esse deputado também num é gente boa. E quando duas pessoa ruim se juntam pra conversá, num deve de sê coisa boa!

Juventino, médium que era, tinha uma sensibilidade

perceptiva bastante aguçada. Ainda que não soubesse definir com exatidão, percebia determinadas vibrações e não sabia dizer o que era e por que as sentia. Mas tinha esses pressentimentos e neles acreditava piamente. Foi por isso que, desde a primeira vez que viu o deputado Rubens, não simpatizou com ele. O padre, ante a denúncia de Juventino, procurou dar-lhe um sermão:

— Ma, filho! Como é que cê fica julgando mal assim das pessoa, sem sabê, hã?! Ainda mais do Dr. Rubens, um hôme santo daquele?!

— Eu num acho ele nada santo, padre!

— Como non? O Dr. Rubens é uma pessoa muito caridosa e já ajudou muito lá na igreja, viu?!

O padre parou um instante, fez uma reflexão rápida e depois continuou:

— Tá certo que foi pouco antes da eleiçon e depois ele nunca mais apareceu por lá... mas non importa! Ele ajudô e pronto! Tire isso da cabeça, hã? E que o Coronel non saiba que ocê desconfiou do deputado, senon ele vai lhe dá aquela surra bem merecida! E pra que Dio lhe perdoe esses pensamento errado, reze quinze Pai Nosso e quinze Ave Maria, tá bene? Agora, eu tenho que voltar lá pra paróquia que os meus pobre tão me esperando...

E o padre saiu, arrastando sua sandália no chão. De vez em quando, estendia os braços para o céu e falava consigo mesmo:

— Ah, Dio santo! Essas criança de hoje!...

Juventino, indignado porque o padre não acreditou nele, ia entrar em casa quando, de repente, escutou a voz autoritária de Francisco:

— Juventino?!

O garoto respondeu no meio do susto:

– Ai, o que foi, Coronel?

O Coronel já estava ao seu lado, com a mão na cinta.

– O que é que você está fazendo?

– Nada, Coronel, eu só estava falando com o Padre! O senhor não viu?

– Então vá lá ordenhar as vacas, seu moleque!

Juventino não teve outra alternativa senão voltar à lide, em que permaneceu praticamente até o fim do dia. Mas os maus presságios não lhe saíam da mente.

Enquanto o garoto era obrigado ao trabalho na lavoura, na casa grande vamos encontrar Nastácia entusiasmada, ajudando Maria Teresa a escolher a roupa que iria usar na solenidade, onde acompanharia o pai e o deputado Rubens.

– A sinhá fica muito bonita com esse vestido. Acho que se a sinhá usá esse, vai ficar assim de mancebo com os olho em cima da Sinhazinha nessa festa! Pra deixá o deputado babando de raiva.

– Não vai ser uma festa, Nastácia. É só mais uma dessas solenidades especiais para homenagear os exportadores. Pra falar a verdade, nem gostaria de ir. Vou mesmo para fazer a vontade de meu pai.

– Ah, sinhá, vai sê bom, a senhora vai vê! Sinhazinha não pode ficá enfronhada aqui dentro de casa, não. Tem que se distraí um pouco.

Maria Teresa ficou reflexiva. Nastácia aproveitou o silêncio para tirar a dúvida que Juventino lhe havia deixado.

– Sinhá, ontem o Juventino me falou uma coisa...

– O quê, Nastácia?

– Ele disse que viu a sinhá conversando com o deputado na varanda e que, depois, a sinhá entrou correndo pra dentro de casa, dizendo "não posso, não posso...". A senhora não pode o quê, sinhá?

Maria Teresa comoveu-se com a franqueza espontânea e inocente da jovem ama. Naqueles relatos, de forma alguma julgou que Juventino estaria espionando sua conversa com Rubens para depois contar para Nastácia. Ao contrário, avaliou que a atitude de Juventino foi um gesto de solidariedade, movido por uma preocupação com o seu próprio bem-estar. Sabia que tanto Juventino quanto Nastácia eram criaturas amáveis, que lhe queriam muito bem e tudo faziam para vê-la feliz. Por isso, a jovem filha do Coronel não escondeu o jogo e contou toda a verdade a Nastácia, dizendo que Rubens havia lhe cortejado, e que ela o renegou, por causa do amor que ainda sente por Solano.

– Eu não sei o que é, Nastácia, mas quando vejo o Sr. Rubens, tenho um sentimento que não sei explicar. É uma espécie de medo misturado com um estranho arrependimento! É como se eu estivesse diante de uma pessoa a quem muito prejudiquei, a quem fiz um grande mal. Eu não entendo...

Essas impressões de Maria Teresa não eram gratuitas. Desde o primeiro dia em que conheceu Rubens, a filha do Coronel percebeu essa sensação que não sabia definir o que era. Buscava, em seu pensamento, razões para esse complexo de culpa, alguma situação vivida entre os dois que pudesse gerar esse inexplicável sentimento, mas não encontrava nada, absolutamente! Seu primeiro contato mais direto com Rubens foi naquela visita que o deputado fez à Fazenda, dias depois de sua chegada da Europa. Antes disso, nunca tivera qualquer convivência com o antigo amigo de escola do marido. De onde vinha, então, aquela aversão? O que lhe fizera o deputado para lhe causar esse mal-estar?

Evidentemente, Maria Teresa não conseguia lembrar graças ao véu do esquecimento que, sabiamente, as leis divinas depositam em nossa consciência, por ocasião da reencarnação. Mas, enquanto nosso plano consciente adormece, a fim de nos libertar temporariamente das amarras do passado, o subconsciente guarda em estado latente as experiências vividas em outras existências físicas. E ao reencontro com antigas personagens de experiências pretéritas, estas impressões acabam vindo à tona, oriundas dos porões do inconsciente, de forma que não compreendemos ao certo os motivos delas.

Nastácia, ante o depoimento da filha do Coronel, estalou os beiços, como se estivesse lamentando a situação. E procurou aconselhar a jovem patroa:

— Ah, Sinhá! Eu sei que a senhora amou muito o Dotô Solano. Mas, infelizmente, ele morreu. E agora, a sinhá vai levar essa dor pelo resto da vida? O deputado é uma pessoa tão gentil, tão boa, tá ajudando bastante o Coronel. Por que sinhá não tenta uma vida nova?

Maria Teresa não disse nada, mas seus olhos estavam úmidos. Nastácia, percebendo a emoção da filha do Coronel, abraçou-se a ela, com muita afetuosidade.

※※※

O dia corria lentamente e Juventino, envolvido com as várias atividades que lhe foram ordenadas pelo Coronel, não pôde conversar com mais ninguém, além do padre, a respeito de seus pressentimentos. Justamente naquele dia, parecia que o Coronel não largava do seu pé, pois mal terminava uma tarefa e lá aparecia o dono da fazenda dando-lhe outra. E assim, ele ficou praticamente todo o tempo envolvido nas atividades da lavoura.

Aproximava-se a hora em que Rubens deveria chegar à fazenda para buscar o Coronel e Maria Teresa e levá-los à solenidade, conforme combinado. Francisco adentrou a sala da casa grande, devidamente trajado para a solenidade, pronto para sair. Maria Teresa também ali já estava, com Nastácia ao seu lado dando os últimos retoques em seu cabelo.

– Está pronta, minha filha?

– Sim, papai.

– Rubens já chegou?

– Ainda não!

– Ele que não demore muito. Não posso chegar atrasado...

Nisso, ouvem-se passadas rápidas de alguém entrando na sala. Era Juventino, agoniado para contar a Nastácia a respeito de Rubens e Nestor. Ao chegar, no entanto, estacou à porta, surpreso por encontrar o Coronel.

– Que é que foi, Juventino? – perguntou-lhe o dono da fazenda, ríspido.

Juventino lembrou-se da recomendação de Nastácia de não trazer incômodos para o Coronel. Procurou disfarçar seu mal-estar:

– Nada não, Coronel!.. O sinhô e Sinhazinha tão bonito, arrumado desse jeito! Vão à missa?

– Que missa, seu energúmeno? E lá eu sou homem de ir à missa no sábado à tarde?

Maria Teresa, como sempre atenciosa, respondeu com carinho:

– Vamos à solenidade, onde papai receberá uma homenagem, Juventino.

O garoto não teve tempo de comentar nada,

surpreendido que foi pela entrada brusca de Rubens, que chegou apressado.

– Desculpem-me o atraso, meus amigos. Estão prontos?

– Sim, Rubens. Vamos! Não posso chegar atrasado. Afinal, serei um dos homenageados! Vamos, minha filha!

– Vamos! – disse a moça. – Até logo, meus queridos!

Juventino apresentava-se inquieto. Quase pediu à Maria Teresa para que ela não fosse, mas, com medo que Francisco o repreendesse, desistiu. O que conseguiu falar foi um reticente:

– Até...

– Vai com Deus, Sinhazinha! Divirta-se! – falou Nastácia sorridente.

Rubens, o Coronel e Maria Teresa saíram, deixando Juventino quase em estado de pânico.

– Ai, Nastácia! Acho que a Sinhazinha não devia ter ido com eles – conseguiu falar, tão logo se viu sozinho na sala, com a criada.

– Ué? Por quê? – perguntou Nastácia.

– Num sei! Acho que vai acontecer uma coisa ruim! Eu vi o deputado conversando com o Nestor...

– Que Nestor?...

– Ah, meu Deus! Será que ninguém conhece o Nestor aqui nessa casa?! É aquele peão carrancudo, que aparece aqui de vez em quando.

– Ah, então?! Cumé que eu vou conhecê ele?! Nunca vi esse Nestor não! Mas o que o Deputado tava conversando com esse Nestor?

— Num sei, não deu pra ouvir – respondeu Juventino.
— Mas eles tavam tramando alguma coisa... A Sinhazinha não devia ter ido com eles!

— Ara, tramando nada! Pare de pensar besteira, vamos! Sinhazinha tinha que ir sim! Ela precisa se divertir! Que é que ocê qué? Que a Sinhazinha fique aqui pelos canto, choramingando a morte do Dotô Solano? Não sinhô! Ela tem que se distraí, conhecê outras pessoa, desanuviá a cabeça dela! E qué sabe do que mais? Tenho coisa pra fazê. Dá licença!

Nastácia saiu, deixando Juventino ainda mais apreensivo. Angustiado, ele andava para um lado, para o outro. Teve vontade de ir atrás deles. Correu até a varanda, mas a carruagem que os levava já estava longe. Desanimado, sentou-se no chão. Seus olhos estavam úmidos. Seus pressentimentos eram muito fortes. Foi quando se lembrou de fazer uma prece.

— Ah, meu Deusinho querido, será que vai acontecê alguma coisa com a Sinhazinha?

Uma voz ecoou-lhe nas fibras mais íntimas de seu ser:

— Juventino!

Ele reconheceu aquela voz, de tantas vezes que já ouvira.

— Dona Aurora?! Ah, Dona Aurora, protege a Sinhazinha, por favor!

— Ela vai ser protegida, sim, Juventino. Mas o que tiver que acontecer, acontecerá. Está determinado que seja assim! Compreenda, meu querido, e não perca a fé em Deus!

Juventino chorou.

CAPÍTULO XII

LEMBRANÇAS DO PASSADO

Aurora fez nova pausa em sua narrativa. Aquelas dolorosas lembranças provocavam-lhe fortes emoções, mas uma serenidade ímpar fulgurava em seu olhar. Somente almas profundamente evangelizadas poderiam ter essa fortaleza moral inabalável. Por causa disso, reconhecia cada vez mais a elevação moral da esposa de Francisco. Constatava, com enlevo, a nobreza com que narrava os acontecimentos de sua vida. Ouvia atentamente toda sua história, contada em ricos detalhes, e emocionava-me com o drama daquelas personagens a quem, de certa forma, fui me afeiçoando, como se pertencessem ao meu próprio vínculo familiar.

Após pequeno espaço de tempo em que estive mergulhado nas reflexões que os fatos narrados me suscitavam, procurei retomar a conversa:

– Aurora, você intuiu a Juventino, dizendo-lhe que tudo "estava determinado!". Como assim "determinado"? Destino?

Ela olhou-me nos olhos e falou com muita vivacidade:

— Destino criado pelos meus próprios familiares, no passado. É a lei de causa e efeito. A semeadura é livre; mas a colheita é obrigatória. Nossas atitudes equivocadas, decorrentes do nosso próprio livre-arbítrio e da ignorância das leis divinas, fatalmente nos conduzem a situações onde os erros cometidos precisam ser expiados e reajustados.

— Mas, o que aconteceu no passado? — inquiri.

Com a mesma serenidade e clareza de raciocínio com que narrava os fatos mais presentes, a esposa do Coronel reportou-se ao pretérito, para explicar:

— Na França do século XVIII, o Coronel Francisco e Maria Teresa encarnavam as personalidades do Conde Maurice de Bourgnon e sua esposa Christine, também condessa. Apesar do título, no entanto, eles não pertenciam à nobreza. Eram oriundos de humildes famílias feudais, e sua ascensão social, que por pouco tempo os permitiu viver sob as benesses da Corte, decorreu de episódio singular. Viviam eles, até certa época, a rotina humilde do campo, mas a inconformação com a vida desprovida de riqueza material os fez abandonar o lar para instalarem-se próximos à Corte. Como não dispunham de dinheiro nem nome de prestígio, adquiriram pequena taberna, aliás, uma das menores dentre as muitas que proliferavam na periferia parisiense, e ali se estabeleceram, para sobreviver às custas de atividades mundanas e orgíacas, tão comuns naquele ambiente suburbano. Aconteceu, no entanto, de um nobre fidalgo, o Duque de Coteur-Ville, que ocupava alto posto na Corte, certo dia ali comparecer e entregar-se, embriagado, aos deleites das mulheres que vendiam seu corpo para os prazeres masculinos. Apesar do cuidado do Duque, que escolheu exatamente aquela taberna, por ser a menor e a mais afastada e, portanto, um local reservado, para que não fosse reconhecido, Maurice o identificou de imediato. Ao ver o nobre fidalgo expondo-se em situação considerada tão escandalosa para a corte, chamou sua esposa e com ela travou uma estratégica cilada. Pediu à esposa que cortejasse o Duque, levando-o a um dos aposentos. O duque, anestesiado pelo efeito dos vários copos de vinho que já havia sorvido, deixou-se seduzir pela jovem, acompanhando-a ao seu quarto. Enquanto se deleitava com os prazeres puramente carnais, foi surpreendido pela chegada de Maurice, que o chamou pelo seu próprio nome. O Duque, apavorado por ser reconhecido e descoberto em situação tão comprometedora, implorou a Maurice que ocultasse tal fato, oferecendo-lhe enorme quantia em dinheiro para que não espalhasse jamais a notícia de que ele teria estado ali em sua taberna, pois isso seria um escândalo na corte e poderia levá-lo a perder seu próprio cargo. Maurice não aceitou a proposta. Ao contrário, aproveitou-se da situação e fez com ele chantagem. Impôs que o Duque, pelo cargo que exercia e pela influência que tinha na corte, se dirigisse ao rei apresentando a ele, Maurice, e sua esposa, como se fossem seus íntimos amigos de terras distantes vindo instalar-se na Capital, e recomendando que lhe fossem concedidos títulos de nobres. Caso o Duque não agisse assim, ele o denunciaria. Coteur-Ville viu-se na obrigação de aceitar a contra-proposta, pois sua própria vida na corte corria risco. Foi desta forma que Maurice e a esposa ganharam o título de Conde e Condessa, sob os falsos nomes de Maurice de Bourgnon e Christine de Bourgnon. Não passou muito tempo, no entanto, Paris assistiu às convulsões sociais que desencadearam os movimentos revolucionários que culminariam com a execução do rei e da rainha. A nobreza viu-se em bancarrota, perecendo na guilhotina, enquanto a burguesia ascendia ao poder. Foi o momento propício para que o falso Conde Bourgnon e sua esposa resolvessem renunciar aos títulos, que de fato não possuíam, para mudar de lado e aliarem-se aos revoltosos, denunciando a tantos quantos podiam, inclusive, o hipócrita Duque de Coteur-Ville, acusando-o de os ter subornado a ele, Maurice, e sua esposa, para que aceitassem um título de nobreza em troca de um segredo a respeito de seu escandaloso comportamento moral. O Duque foi despojado de seu cargo, aliás, como toda a nobreza, e mandado para a guilhotina, enquanto suas riquezas foram usurpadas pelos rebeldes e revolucionários, dentre os quais se incluíam Maurice e a esposa, recompensados que foram por alguns líderes do movimento em face do auxílio prestado.

Após ligeira pausa, Aurora continuou:

– Imaginas quem seja o Duque de Coteur-Ville, agora?

– Rubens?!

– O próprio!

– Claro! – respondi. – Começa a fazer sentido! O Duque de Coteur-Ville, agora reencarnado como Rubens, ainda traz o sentimento de ter sido traído e roubado!

– Exatamente! A falsa condessa Christine, que agora é a minha filha Maria Teresa, apesar de cúmplice, sofreu muito no mundo espiritual, após a sua desencarnação, por causa do seu arrependimento, que foi verdadeiro. Porém, Maurice, que hoje é o Coronel Francisco, desde aquela época ainda não apresentou nenhum remorso!

– Mas nem o reencontro dele, agora nesta encarnação, com aquele que foi sua vítima no passado, não despertou em si nenhum sentimento de culpa?

— Infelizmente, não! A ambição do Coronel Francisco ainda é muito forte, e, por causa disso, ele não consegue enxergar nada além de terras, dinheiro e poder!

Aurora deixou-me novamente em profundas reflexões. Ao conhecer um pouco o passado daquelas personagens, passei a ter compaixão delas próprias, em face da ilusão em que ainda se achavam mergulhadas, acarretando para si expiações e sofrimentos. Tínhamos ali os mesmos dramas da humanidade, envolta ainda em tantas ilusões e paixões desenfreadas que em outra coisa não resultam senão o comprometimento perante as leis divinas.

Em meio a esses pensamentos, Aurora tirou-me da meditação para retomar os fatos da encarnação mais atual.

CAPÍTULO XIII

O ACERTO DE CONTAS

Terminara a sessão em homenagem aos cafeicultores, onde Francisco fora laureado com uma comenda. Na longa estrada de chão batido que rumava em direção à Fazenda Nova Aurora, vinha calmamente a carruagem trazendo de volta seus ilustres moradores. O Sol se punha, majestosamente, no horizonte, enquanto a noite tomava conta da abóbada celeste, trazendo, serena, as primeiras estrelas do firmamento. Ante aquela paisagem esplendorosa, Rubens, que conduzia a pequena viatura, resolveu, num instante, parar em aprazível local, próximo a pontilhão que cruzava pequeno riacho, sob pretexto de que os cavalos precisavam descansar um pouco e beber água. Assim, desceram os três, para uma caminhada, a fim de esticarem um pouco as pernas, enquanto vislumbravam mais aquele espetáculo do céu, proporcionado pela natureza.

Após alguns passos, em que aproveitou para espreguiçar-se, Francisco comentou com o deputado:

– Pois é, meu caro Rubens. Finalmente nosso trabalho é reconhecido por um governo.

– É como eu sempre lhe digo, Coronel: Marechal Hermes da Fonseca tem sido um grande Presidente!

— Ele não está fazendo nada de mais. Está apenas retribuindo nossa ajuda, afinal, foi com nosso apoio, os cafeicultores de São Paulo, que ele chegou lá. Esse país não seria nada sem nós, paulistas, que produzimos o melhor café do mundo!

— É! Mas os pecuaristas lá de Minas Gerais também falam o mesmo com relação ao seu Estado! – contra-argumentou Rubens.

Nossas três personagens ali permaneciam despreocupadas, próximas a algumas árvores que margeavam a estrada, quando de repente surgiu, do meio do mato, um capanga, apontando-lhes uma arma. O lenço amarrado junto ao rosto não permitiu ao Coronel reconhecer quem era o sujeito, mas Rubens, apesar de fingir-se surpreso e nervoso, não teve dificuldade de identificar, no suposto assaltante, a figura de Nestor.

O Coronel, ao ver aquele brutamontes à sua frente, e ainda por cima, armado, intimidou-se, puxando Maria Teresa para trás de si, para protegê-la.

— O que é isso? Largue mão dessa arma, homem!

— Como é bom ver o senhor se borrando de medo, Coronel! Não é assim que o senhor faz com seus peões? – falou Nestor, com raiva incontida.

Francisco ficou irritado com a petulância daquele indivíduo grosseiro. Quem era ele para afrontá-lo daquele jeito? Alterou a voz e perguntou:

— Quem é você? O que quer de nós?

Rubens, que fingia estar atônito com a situação, pediu cautela a Francisco:

— Calma, Coronel! Ele está armado.

Maria Teresa, até então protegida pelo pai, assustada, procurou falar com discrição, num tom de conciliação.

– Por favor, senhor. Não precisa agir com violência. Se é dinheiro que o senhor quer, nós podemos lhe dar...

Nestor, sempre com arma em punho, aproximou-se de Maria Teresa, que se escondia por trás do pai. Enquanto mirava o cano do revólver em direção ao rosto do Coronel, o assaltante começou a fazer, com a outra mão, um carinho maliciosamente sedutor e ameaçador no rosto de Maria Teresa.

– Que donzela educada, me chamando de senhor!...

Imóvel, com a arma praticamente colada em sua face, o Coronel respirava ofegante. Seus olhos miravam ora a mão, ora os olhos de Nestor, esperando um momento propício em que pudesse, num golpe, desarmar o assaltante inescrupuloso. No auge do desespero, aproveitando-se que o olhar do bandido fixou-se maliciosamente sobre Maria Teresa, Francisco fechou as mãos em punho e deu um soco em Nestor, por baixo do antebraço que segurava a arma, tentando, assim, afastar o revólver de seu rosto, e partiu para cima dele:

– Tire suas mãos imundas de minha filha, seu verme.

Com o soco recebido, Nestor desequilibrou-se e caiu de joelhos, arrastando consigo Maria Teresa, pois que lhe segurava o braço frágil. Apesar de caído, Nestor não largou a arma. O Coronel jogou-se por cima do assaltante, agarrando-o pela cintura, e passou a dar-lhe socos no flanco, enquanto Nestor, ainda segurando Maria Teresa pelo braço, defendia-se dos golpes de Francisco, com chutes e pontapés, numa cena de luta corporal deprimente: dois homens esmurrando-se entre si, com uma mulher praticamente no meio deles.

No meio da confusão, Nestor trouxe o braço cuja mão ainda trazia a arma, para o meio dos corpos e disparou o primeiro tiro, que emitiu um som abafado. Um gemido de dor foi dado por Maria Teresa. Em seguida, outro tiro abafado e desta vez foi o Coronel quem gritou. E ambos caíram imóveis e ensangüentados no chão.

Rubens, apesar de saber previamente o desfecho daquele incidente, visto que fora o que combinara com Nestor, não esperava que o assassino tirasse também a vida de Maria Teresa. O trato era que matasse apenas o Coronel.

Diante dos dois corpos estirados no chão, alterou a voz para o capanga, que, já de pé, limpava com um pano o cano do revolver, tirando-lhe as manchas de sangue:

– Seu idiota, você matou ela também!

– Que se dane! Taí o home morto! Não era isso que o sinhô queria?

– Você não faz nada certo! – indignou-se o deputado.

Frio e calculista como sempre, Nestor mirou a arma em direção ao peito de Rubens e esbravejou:

– Que que é? Vai querê levá chumbo também?

Rubens arrefeceu. Enxugou o suor frio da testa e depois procurou acalmar Nestor:

– Está bem, está bem, calma! Vamos fazer o seguinte: vá embora... suma daqui, porque você não vai ser incomodado... eu não vou denunciá-lo e ninguém vai saber quem foi que nos assaltou... agora, vá embora, e não apareça nunca mais aqui...

Nestor olhou provocativo e desconfiado para Rubens, mas fez sinal afirmativo com a cabeça, como quem concordou com a proposta. Com frieza e completamente indiferente aos dois corpos no chão, entrou no meio do mato onde montou o seu cavalo que ali o aguardava, para em seguida tomar a estrada, num ritmo galopante, em sentido contrário à fazenda do Coronel, deixando para trás a diligência estacionada próximo ao pontilhão, o deputado Rubens e os cadáveres de Francisco e Maria Teresa.

CAPÍTULO XIV

O FIM DE UMA ERA

A noite estava belíssima. De volta a mim mesmo, saindo do mergulho mental a que me entreguei com a narrativa que ouvia, percebi que nos encontrávamos agora, eu e Aurora, exatamente no local onde, anos antes, ocorrera o crime que procurava desvendar e entender. Ali ainda se via o pequeno riacho e o pontilhão, cenário do lamentável episódio. O ruído sereno das águas correndo por entre as pedras cortavam o silêncio entre nós, marcado por lembranças tão dolorosas para aquele nobre Espírito que, em sua última encarnação, foi a bondosa esposa do Coronel Francisco.

– Então esses foram os gritos que ouvi! Não imaginei que pudessem ser de seu esposo e sua filha! – falei surpreso.

A esposa de Francisco olhou-me, com significativa serenidade, não obstante a dor a verter de seu nobre espírito. Enxugou discretamente os olhos úmidos e, em seguida, fitou as estrelas do firmamento, como se buscasse no infinito as doces notas da esperança que ela mesma guardava de, um dia, ver reunido, sob o seu seio, aquelas almas que lhe eram tão caras.

Após um breve instante de silêncio que não ousei quebrar, a nobre matrona continuou sua história.

A notícia da morte do Coronel Francisco e sua jovem filha, vítimas de um assalto, teve grande repercussão. Todos naquela região, desde os mais simples serviçais até os ricos e poderosos latifundiários vizinhos, perplexos, perguntavam-se por que a família Almeida Lopes enredava-se em tantas tragédias. Nem bem um ano havia passado desde a morte de Solano e, agora, o próprio Coronel e sua filha eram igualmente assassinados.

Comentários sobre as causas de tanto ódio para com aquela família e sobre possíveis suspeitos corriam à solta. A única fonte de informações que se tinha a respeito do assalto era o deputado Rubens, testemunha do crime, que, evidentemente, contou sua versão, cercada das mais fantasiosas invenções, tanto da forma como foram abordados, como das características do assaltante. Além do mais, sendo ele um nobre deputado, jamais seria considerado um suspeito, haja vista também sua forte ligação com a família.

As opiniões giravam ainda em torno da personalidade austera de Francisco, reconhecido pela severidade com que tratava seus empregados. Logo, não seria difícil imaginar que qualquer de seus peões, explorado pela ganância abusiva e desenfreada do Coronel, poderia facilmente dele se vingar.

Mas, se os comentários gerais correntes sequer apontavam Rubens como o mandante do crime, o mesmo não acontecia dentro da casa grande. No mesmo dia em que eram enterrados os corpos do Coronel e Maria Teresa, vamos encontrar Nastácia e Juventino, profundamente abatidos, conversando na varanda.

– Ah, Juventino! Cumé que foi acontecê isso com Sinhazinha?!

— Eu falei pr'ocê, Nastácia! Eu falei pr'ocê! Eu disse que a Sinhazinha não devia de tê ido! Eu sabia que tava pra acontecê alguma coisa. E o culpado disso tudo só pode de sê esse deputado. Foi ele que mandou matá o Coronel e Sinhazinha...

— Mas por que ele mandou fazê isso, Juventino?

— Num sei. Mas que foi ele, foi!

— E agora? O que vai sê de nós? Será que nós vai simbora daqui? Pra onde que nós vai? E quem vai ficá com a fazenda?!

Juventino não teve tempo de responder, pois Rubens e o padre Honório atravessavam a porta principal da mansão e chegavam à varanda. Os dois empregados, ressabiados, saíram rapidamente, escondendo-se no canto da parede, escutando a conversa.

— Dio Santo! Como pode acontecê tanta tragédia numa só família, Dr. Rubens?

— O mundo está cheio de bandidos, padre. Ah, se eu descobrisse quem foi esse ladrão miserável que nos assaltou...

Padre Honório fez um olhar desconfiado para Rubens e comentou:

— Isso é uma cosa que tá me deixando com a pulga atrás das orelha, Dr. Rubens. Como é que o sinhô non me viu quem era esse ladron?

— Era noite escura, padre! E além do mais, ele estava com um pano tampando o rosto. – defendeu-se Rubens.

— O que me deixa admirado é como que esse ladron me matou o Coronel, matou a menina Maria Teresa, e non fez nada com o sinhô!... Nem um tirinho pra arranhá as canela!...

O deputado não se deixou perturbar:

— Foi tudo muito rápido, padre! O homem estava armado. Quando vi, ele já havia agarrado Maria Teresa e o Coronel. Ele atirou e fugiu em seguida, levando as jóias... Padre, o senhor, por acaso, está desconfiando de minha honestidade?!

— No, no! Non é isso! Me admiro é como que o sinhô foi poupado numa situação dessas! Só pode de ter sido Dio que lhe protegeu. Só mesmo Ele pra nos livrá assim dos mal!

Rubens era um verdadeiro ator. Ainda que nunca desse a mínima importância para assuntos de religião, mostrou-se ao padre um autêntico crente:

— Com certeza, padre! Pelo resto de minha vida agradecerei ao bom Deus esta graça que recebi! Foi como se eu tivesse nascido novamente. Realmente, nossa vida não é nada sem Deus!

A conversa ainda rendeu mais alguns assuntos referentes à administração da fazenda. Sabedor do testamento deixado pelo Coronel Francisco, padre Honório teceu vários adjetivos ao falecido fazendeiro, enaltecendo sua capacidade administrativa e sua previdência ao deixar as terras em tão boas mãos, como as do deputado Rubens. Este, que venerava receber bajulações, simulava humildade, dizendo que seria uma tarefa muito difícil conduzir a administração da fazenda dali em diante, mas faria todo o possível para manter o caráter empreendedor do Coronel.

Ao final, despedindo-se, padre Honório fez um lembrete ao deputado:

— Vou lhe dizê mais uma cosa, hein, filho? Io acho que o sinhô devia de fazê alguma cosa pelos pobre! Num é qualquer um que recebe a graça que o sinhô teve a dádiva de recebê. Por isso, em prova de gratidon a Dio, num se esqueça de dá um ajudatório pra nossa paróquia, viu? Tamos muito necessitado. O sinhô, como home bom que é, pode ajudar bastante, inda mais agora que ficou rico desse jeito!

— Até parece que o senhor não me conhece, padre! Pode contar comigo que a qualquer hora eu apareço lá na "nossa" paróquia.

— Tá bene! Até mais vê, deputado! – disse satisfeito o padre que, em seguida, saiu, arrastando suas sandálias no chão.

Assim que o padre saiu, Rubens, que viu os dois criados refugiados no canto da parede, chamou-os com energia. Nastácia e Juventino aproximaram-se.

— Quero avisar a vocês – comentou Rubens – que, de agora em diante, eu sou o novo dono da fazenda. Então, quem manda aqui, agora, sou eu. Fui claro?

Nastácia, esperta que era, apesar de analfabeta, não se fez de rogada:

— Num sei como é que o sinhô pode ficá dono dessas terra tudo, se nem era parente do Coronel!

Rubens ficou perturbado com a petulância da jovem criada. Aproximou-se dela e, com o dedo em riste, explicou, um tanto irado:

— Acontece que eu tenho um testamento assinado pelo Coronel que me dá esse direito.

Nastácia saiu num rompante, deixando o deputado ainda mais irritado. Estava prestes a correr atrás dela, quando foi interrompido por Juventino:

— Foi o sinhô, seu Rubens!...

Rubens parou, virou-se e encarou Juventino nos olhos. Este, apesar de pálido, encontrou forças e, pela primeira vez na vida, desafiou um superior a ele:

— Foi o sinhô que mandou o Nestor matá o Coronel e a Sinhazinha pra ficar com a fazenda!

Rubens ficou estarrecido! Se já estava irritado com a descompostura de Nastácia, ficou ainda mais possesso ante a ousadia daquele moleque, que poderia estragar todo o seu projeto de apropriação das terras do Coronel. Como Juventino poderia saber o que se passara? E se ele resolvesse denunciá-lo? E se fosse descoberta toda a verdade? Em meio a esses pensamentos tormentosos, no auge da irritação, o deputado segurou Juventino pelo pescoço, com violência, tentando sufocá-lo.

— Escute aqui, seu pirralho atrevido... Quem você pensa que é pra me enfrentar assim desse jeito?!... Quem manda aqui sou eu, entendeu?

Juventino, talvez arrependido de sua atitude ousada, mal conseguia falar, sufocado que estava pelas mãos do deputado a segurar-lhe o pescoço:

— Tá... tá bom seu Rubens...

— Você não sabe de nada e nem viu nada... Senão, você não sabe do que eu sou capaz de fazer...

— S... sim... senhor!...

— E se você e a sua amiguinha crioula quiserem receber água e comida aqui nessa casa, é melhor nunca mais abrir essa boca, entendeu bem?

Rubens soltou Juventino com violência, empurrando-o. O garoto caiu no chão.

— Agora, vá trabalhar! – vociferou o deputado, com o dedo em riste apontando a lavoura.

Juventino saiu rápido, de cabeça baixa, amedrontado.

No seu íntimo, um sentimento ambíguo corroía sua

alma. Por um lado, sentia-se surpreso pela ousadia que teve ao encarar frente a frente o deputado Rubens para denunciá-lo. Por outro, um remorso pelo que fez, um medo do que poderia advir com essa sua atitude inesperada. Pensava consigo mesmo: o que aconteceria dali para a frente? Que atitude tomar?

Com medo de represálias, e porque não tinha mesmo para onde ir, Juventino optou por submeter-se à autoridade do novo patrão e nunca mais falou a ninguém o que sabia. Era tudo o que um garoto com pouco mais de 15 anos poderia decidir naquele momento.

Os meses se passaram. Juventino e Nastácia continuaram trabalhando na fazenda, porém, o ambiente não foi mais o mesmo. À época do Coronel, apesar de não morarem na casa grande, os dois jovens criados faziam parte dos serviçais que atendiam à família e tinham livre acesso às dependências da bela residência, em virtude de suas ligações afetivas com Maria Teresa. Agora, era diferente. Rubens formou nova equipe de serviçais, das quais Juventino e Nastácia foram excluídos.

Em virtude da ousadia dos dois criados, que lhe confrontaram a autoridade, Rubens poderia tê-los despedido da fazenda. Mas não o fez, preocupado que ficou com o fato de Juventino suspeitar de algumas coisas a seu respeito, inclusive de sua ligação com Nestor. Se Juventino saísse da fazenda, poderia espalhar essas notícias, alguém poderia dar crédito ao rapaz e começar a investigar. Pensou em dar fim ao rapazote. Não seria difícil contratar outro capanga para executar o serviço. Mas não queria manchar sua honra com tão pouca coisa. Por que gastar com um capanga para matar um simples fedelho desqualificado? – pensava ele.

Assim, sua resolução foi que Juventino e Nastácia ficariam na fazenda, porém, não mais na sede. Foram designados a trabalhar exclusivamente na lavoura e nos ranchos onde se processava o beneficiamento do café. E lá seriam vigiados por ele. Qualquer suspeita de traição, qualquer vazamento de informação indevida, os dois seriam sumariamente eliminados. Foi o recado dado aos dois jovens criados.

Ao tomar posse das terras do Coronel, Rubens enriqueceu rapidamente, sem jamais ter sido acusado de qualquer crime. Teve ainda a sorte de nenhum dos parentes distantes de Francisco reclamar sua parte na fazenda. Terras era o que não faltava no patrimônio da família Almeida Lopes. Não seria uma fazenda a mais ou a menos que iria fazer diferença para os familiares distantes. Além do mais, tal como o próprio Coronel pensava, seria muito interessante para os parentes não criarem nenhum atrito com um deputado importante. A diplomacia recomendava reafirmar o compromisso manifestado pelo próprio Francisco, no testamento deixado.

Rubens foi beneficiado ainda pelo fato de viver numa época extraordinária para os negócios com café. A fazenda produziu muito, gerando bastante riqueza para o deputado que, com o expressivo volume de recursos obtidos, passou a ser um grande investidor, aplicando todo o lucro com a exportação em ações da Bolsa de Nova York. Até que surgiu o ano de 1929...

A quebra na bolsa nova-iorquina, em outubro daquele ano fatídico, foi um estrondoso golpe para a estabilidade da economia cafeeira. O café não resistiu ao abalo sofrido no mundo financeiro e o seu preço caiu bruscamente. As fazendas produtoras enfrentaram uma crise nunca antes vista. Nesse processo, milhões de sacas de café estocadas foram queimadas e milhões de pés de café foram erradicados, na tentativa de estancar a queda contínua de preços provocada pelos excedentes de produção. O famoso café da Fazenda Nova Aurora perdeu enorme valor no mercado.

Para saldar as enormes dívidas, Rubens precisou desfazer-se de grande patrimônio. Aos poucos, foi caminhando passo a passo à falência. Foi uma verdadeira sangria financeira, em que o deputado foi perdendo praticamente tudo, até o momento em que a única alternativa para o pagamento de vultosas dívidas foi a entrega da fazenda como hipoteca.

Enquanto no mundo físico o deputado ruía e desesperava-se, no mundo espiritual, uma entidade sentia o gosto amargo da vingança ainda não satisfeita. Era o Coronel Francisco que, aproveitando-se da tragédia financeira que se abatia sobre seu antigo administrador, aproximava-se dele para infestar sua mente de maus presságios:

— Você vai me pagar caro por tudo, seu miserável!...

Rubens sentia as vibrações do inimigo oculto, sem saber de onde vinham. Seu pensamento era que estava ficando louco, em função dos abalos sofridos.

No auge do desespero, e perseguido obsessivamente pelo Coronel Francisco, Rubens cometeu o ato insano do suicídio.

Ah, se os homens soubessem os sofrimentos atrozes que esperam aqueles que, iludidos, acreditam pôr termo à sua vida, não pensariam jamais em cometer este ato tresloucado.

Rubens padeceu o seu verdadeiro inferno, por longos anos, no mundo espiritual.

SEGUNDA PARTE

CAPÍTULO I

O MOMENTO DA RENOVAÇÃO

Não há coisa mais extraordinária do que a Vida! Ela é a manifestação Divina em nós. Contempla todas as faculdades emanadas do Criador. Iludidos somos nós ao imaginarmos que a Vida se restringe ao curtíssimo espaço de tempo entre uma união de gametas e a desintegração da complexa estrutura orgânica que se origina dessa fusão.

Pensamos! Sentimos! Temos emoções! Somos!... São as expressões da Vida! Nada disso tem origem nas dimensões da matéria, nada disso é possível de ser fabricado em laboratório, por forças de combinações químicas; tudo isso vem de um princípio imortal, inteligente, imaterial: o Espírito, o qual, por sua vez, emana de uma fonte inesgotável de Inteligência, Sabedoria, Justiça e Amor, a qual demos o nome Deus!

A Vida revela o próprio Espírito, que se manifesta, é verdade, no mundo das formas físicas, mas transcende a tudo de material que podemos imaginar. O Espírito já existia antes de imergir num corpo e continua a existir depois de desenlaçar-se dele.

A grande estrada que o Espírito percorre na sua

epopéia evolutiva, ascendente, contínua, infinita, chama-se Vida. E é por ela que todos nós, Espíritos, nos igualamos perante o Criador. Não há privilégios. Todos nós, criados simples e desconhecedores das Leis Universais, precisamos caminhar, progredir, em suma, Viver, valendo-nos das potencialidades colocadas em nossa própria essência, quando de nossa criação. São as experiências, vivenciadas ora no mundo material ora no mundo espiritual, favorecidas por Deus, que vão fazer desabrochar em nós todas as qualidades divinas que jazem adormecidas em nossa natureza espiritual.

Esse é o caminho que todos nós, filhos de Deus, percorremos, em busca de nossa felicidade. Caminho marcado por erros e acertos. Mas, acima de tudo, caminho realizado com o esforço próprio, pois essa é a lei: "a cada um segundo suas obras", como ensinou o Mestre Jesus. Se acertamos o passo, o mérito da conquista é a felicidade da consciência tranqüila. Se erramos no meio do caminho, ainda que venhamos a sofrer as conseqüências da ilusão, não nos será fechada a porta da redenção, não nos será proibida a possibilidade do refazer, para corrigir e merecer a libertação tão almejada.

Com essas reflexões, ficava eu a imaginar a trajetória evolutiva daquelas personalidades que agora se me apresentavam tão íntimas, dada a sensibilidade com que Aurora narrou sua própria história e a daqueles que lhe eram tão caros.

Em meus pensamentos, vinham conjecturas sobre nossas escolhas, nossos caminhos percorridos, os quais são frutos do uso do nosso próprio livre-arbítrio. Por que será que escolhemos caminhos tão árduos, tão ilusórios, tão dolorosos? Por que ainda teremos que conviver com tantos dramas?

Perdia-me nesses últimos questionamentos, talvez até injustificados, em decorrência de nossa ainda ignorância das grandes verdades divinas, quando Aurora, tirando-me da introspecção em que estava mergulhado, perguntou:

– Agora que te revelei minha história, podes me ajudar?

– Claro! – respondi com naturalidade. – O que posso fazer?

– Atenderás Maria Teresa!

– Ela não está bem?

– Está! Repousa numa colônia espiritual de tratamento, mas ainda não aceitou a idéia de que habita outra dimensão da Vida. Sua desencarnação de forma tão lastimável fez com que ela passasse por momentos de intensa perturbação espiritual. Apesar de não estagiar muito tempo em zonas de sofrimento, dado seu grande progresso moral verificado nesta última encarnação, Maria Teresa foi recolhida em situação desesperadora. Por muito tempo, as imagens do assaltante violento agarrando-se a ela e ao seu pai, numa intensa luta corporal, atormentaram seus pensamentos, deixando-a em estado de quase loucura.

Percebendo minha surpresa com esta revelação, uma vez que imaginava que Maria Teresa estaria numa situação melhor, em virtude de seu caráter benevolente, Aurora explicou-me:

– De certa forma, são os resquícios expiatórios decorrentes das experiências pretéritas. É a própria mente expurgando as energias deletérias ainda impregnadas no inconsciente. Não esqueças que Maria Teresa trazia grande parcela de responsabilidade pelos desvarios do seu comportamento delituoso, no passado. Nosso infeliz irmão Nestor não é um Espírito qualquer que apareceu em seu caminho para servir de simples instrumento do destino. É o mesmo Espírito que, na França revolucionária, executou muitas personalidades na guilhotina, algumas delas denunciadas pela própria Condessa Christine de Bourgnon. Agora, nesta encarnação, sendo vítima daquele mesmo que, no passado, sob sua indicação, executou tantas personalidades ilustres, Maria Teresa sentiu repercutir em sua alma, ainda que de forma inconsciente, o remorso por tamanho desvario. Daí toda a sua dor moral e a dificuldade de reequilibrar-se nesta nova fase da vida. Nossos valorosos amigos que a atenderam fraternalmente muito auxiliaram-na a sair do estado de medo e pavor em que ela se encontrava. Mas, suas convicções religiosas fortes e dogmáticas não lhe permitiram ainda ter uma compreensão mais nítida da Vida além da morte!

– E por que você mesma não se mostrou a ela, para lhe provar a imortalidade? – perguntei um tanto curioso.

Aurora, apesar do envolvimento emocional com o caso, demonstrava muita segurança:

– Não me foi permitido, porque sua estrutura psicológica ainda é muito frágil e ela não comportaria isso. Seria um choque para ela. Lembra-te de que a natureza não dá saltos. O processo de libertação espiritual depende de cada Espírito. Devemos respeitar seus limites, ajudando na medida do possível. Não nos compete violar a consciência de quem quer que seja. Para quem, até a encarnação anterior, assumindo a personalidade de Christine, perdia-se em ilusões, entregando-se aos prazeres mundanos, consegue numa encarnação seguinte resgatar grande parte desses equívocos, já foi um grande passo! Agora, é preciso aguardar o despertar da consciência para a realidade da Vida. Tudo chegará em seu tempo. Por isso, peço-te que vás até ela, em meu nome. Conquista a sua confiança. Torna-te um amigo benfeitor. Esteja ao seu lado, em seu processo de adaptação. E quando sentires que ela aceita a verdade, chama-me, que irei ao teu encontro.

Fiquei comovido com a sinceridade e espontaneidade de Aurora. Pude perceber o quanto ela própria gostaria de aproximar-se da filha bem amada, mas aguardava resignadamente o momento propício para esse reencontro. Agradeci-lhe a confiança que havia depositado em mim para o cumprimento dessa tarefa, ao que ela me respondeu com bondade:

– Sinto em ti a disposição sincera de ajudar. Não foi em vão que Deus te permitiu sintonizar os ecos desses fatos que tanto marcaram minha vida. Mas agora, chegou o momento da renovação. Confio em ti! Vai, em nome de Deus.

O pedido de Aurora me soou como uma ordem, em virtude da autoridade moral que reconhecia nela. Despedi-me atencioso da nobre esposa de Francisco para desincumbir-me da tarefa por ela delegada. Aurora, por sua vez, também partiu em missão de resgate, em busca de outra alma que lhe era igualmente cara.

CAPÍTULO II

RESGATANDO SOLANO

Pedimos licença ao leitor para desviar o foco de nossa narrativa. Deixaremos para o próximo capítulo nosso trabalho de aproximação junto a Maria Teresa, para que acompanhemos, agora, a esposa de Francisco em sua peregrinação em busca de Solano, conforme seu minucioso relato algum tempo depois.

O genro de Aurora, apesar de na Terra apresentar-se como uma pessoa de reputação e idoneidade, ainda guardava, em seus recessos, sentimentos antagônicos aos princípios de humildade e desprendimento. É certo que não expressara maus tratos com aqueles que lhe eram subordinados, mas a vaidade e o orgulho ainda eram chagas fortes em seu espírito. Se a maldade não era exatamente uma característica de sua personalidade, por outro lado, o apego aos bens terrenos e a inconformação com a situação de perda ainda revelavam uma certa inferioridade moral, que lhe prejudicava o processo libertador.

Depois daquele dia em que presenciou a cena de Rubens cortejando sua esposa, na varanda da casa grande, Solano desesperou-se. A revelação de que ele próprio não mais fazia parte do mundo dos chamados "vivos" perturboulhe o equilíbrio mental. Não aceitou a idéia, imaginou estar vivendo um terrível pesadelo do qual queria despertar, mas não conseguia.

Somava-se a isso o sentimento de traição, vindo exatamente daquele que considerava o melhor amigo.

Solano permitiu-se envolver, então, por um sentimento de revolta: perdera sua vida física, perdera a esposa que tanto amava, perdera a posição social, perdera tudo... mas ele ainda estava ali, vivo, lado a lado das coisas que lhe eram tão importantes, sem delas poder tomar posse.

Acompanhou o sofrimento de Maria Teresa, mas sentia-se numa situação pior do que a dela, pois, enquanto a esposa sofria porque não o via, ele, ao contrário, podia vê-la, gritar seu nome, mas nada disso lhe adiantava.

Por que tamanha crueldade e injustiça? Por que Deus o castigava dessa forma, permitindo que acontecesse essas coisas com ele? Afinal, onde estava esse Deus de que tanto falavam? Quem era esse tirano que o privava das coisas que eram objeto de sua própria felicidade? Por que permitia a ele enxergar seus bens materiais e seus entes queridos, mas ao mesmo tempo, o impedia de usufruí-los, de ter contato com eles? Deus não era mais seu pai, pois um pai não castiga tanto assim um filho!

Esses eram os pensamentos de Solano que, associados à falta de uma fé mais equilibrada, atormentavam-lhe a alma. E daí para a descrença e a revolta contra a Providência Divina foi um simples passo.

Por esse motivo, por um bom tempo depois de sua desencarnação, Solano ainda se achava em estado de padecimento e perturbação. Não chegava a ser um estado deplorável de sofrimento, em regiões que poderiam assemelhar-se a um inferno, pois que ele não fora essencialmente mau. Mas era um estado de vazio, de ausência, de desolação, de dor moral, de revolta e inconformação.

Foi assim que Aurora o encontrou na erraticidade.

Aos primeiros contatos, Solano, ao vê-la, afastava-se, desnorteado. Ele não conhecera a sogra pessoalmente, visto que quando ingressou na família Almeida Lopes, a mãe de Maria Teresa já havia desencarnado. Mas conhecia-lhe as feições, por fotografias e quadros guardados pela família.

As aparições de Aurora lhe eram como que um tormento, um fantasma a atestar ainda mais a convicção de que ele estava no mundo dos "mortos". E isso o revoltava cada vez mais. Então, fugia. Não era uma fuga propriamente do fantasma do qual se via perseguido, mas uma fuga dele mesmo, de não aceitar sua nova realidade, de não se conformar de perder aquilo que lhe proporcionava a felicidade. Por que morrera? Por quê?

Foi preciso o tempo e a dor para domarem o orgulho ferido e a revolta. Após alguns anos nesse estado perturbador, uma brecha de tristeza e melancolia apossou-se de sua alma. Foi o momento propício para que Aurora, identificando-lhe um princípio de transformação moral, se aproximasse dele tal qual a mãe querida que abre as portas de seu coração ao filho perdido que busca seu colo acolhedor.

Solano encontrava-se desolado, extenuado de tanto fugir de si mesmo. Seu aspecto não chegava a causar horror, mas piedade. Era o homem perdido, sem rumo, sem esperanças. Seu olhar sem expressividade, sem vida, nada conseguia vislumbrar a não ser o vazio, o abandono. Foi para esta alma desorientada, que Aurora estendeu seus braços generosos, como a querer envolvê-lo num abraço carinhoso.

– Solano!... – chamou-o afetuosamente.

Sentado ao chão, o genro olhou para Aurora com melancolia, como se tivesse desistido de tudo, desistido da vida.

– Solano, meu querido... sou eu, Aurora!

– Não!... – foi o que ele conseguiu dizer, seguido da explosão de um pranto que parecia trancado por longo tempo.

Aurora aproximou-se, sentou-se ao seu lado, acariciando-lhe a fronte. Como uma criança, ele recostou em seu ombro, quase deitando em seu colo, e chorou ainda mais convulsivamente.

– Desperta, Solano! Já é tempo!

O carinho espontâneo, o afago, o colo de uma verdadeira mãe que há muito ele não tinha, a doce voz daquela mulher que em muito se assemelhava à de Maria Teresa, foram um refrigério para sua alma. Solano fitou Aurora com olhos fundos, que expressavam amargura.

– Onde estou?... que lugar é esse?...

– Estamos na vida real! Não tenhas medo!

– Vida?... ou morte?... eu morri...

Aurora olhou-o em seus próprios olhos, com muita vivacidade:

– Não existe a morte, Solano!... Vê!... Sente a Vida pulsar em tua alma!

Magnetizado por aquela energia vigorosa transmitida apenas pelo olhar, Solano ainda mostrava abatimento, não obstante suas feições demonstrarem uma ligeira reação de esperança.

– Estou confuso!...

— Estás cansado e aflito! Acalma-te! Serena teu espírito!

— Tenho andado perdido tanto tempo! Por que fui abandonado?

— Não digas isso! Há quanto tempo venho tentando me aproximar de ti para te ajudar? Mas, tens fugido... Alimenta o teu coração com a chama da esperança! Confia em nosso Pai de bondade, que jamais nos abandona! Nós é que nos afastamos d'Ele.

A ternura com que Aurora entoava suas palavras causava efeito poderoso sobre o comportamento agitado de Solano. Pela primeira vez, depois de tantas situações desesperadoras, ele experimentava um pouco de paz. Se o pranto auxiliou-o a descarregar as angústias que estavam trancadas, a afetuosidade de Aurora inundava-lhe o espírito de sentimentos novos.

Após um instante de silêncio, anestesiado que fora, por um momento, de seus sofrimentos, Solano perguntou quase suplicante:

— E Maria Teresa? Onde ela está? Nunca mais a vi. Sinto tanto sua falta...

— Assim como tu, ela também já deixou a Terra.

Solano reagiu com surpresa. Antes, porém, que ele expressasse qualquer palavra, Aurora continuou:

— Mas ela está bem, não te preocupes! Está amparada por benfeitores do plano maior.

— A senhora não está com ela?

— Ainda não tive permissão para isso, mas creio que, em breve, conseguirei visitá-la. E se Deus assim o permitir, estarás comigo nesse reencontro que há tanto tempo espero.

— Leve-me junto!... Eu preciso tanto...

— Sei disso, Solano. Mas, primeiro, precisas cuidar de ti! Se Maria Teresa souber que sofres, ela também vai sofrer, porque ela te ama. E ninguém gosta de ver sofrendo aqueles que tanto amamos. Então, resguarda-te na paz, que Deus vai atender teus desejos, muito antes do que possas imaginar!

— Por favor, me ajude!

— Estou aqui para isso. Mas, agora, é preciso que descanses. Vamos! Eu vim te buscar!

Solano ergueu-se, timidamente, acompanhando Aurora rumo a uma colônia de tratamento espiritual.

Em seu íntimo, era outra pessoa. Apesar de ainda abatido, mostrava claros sinais de renovação. A esperança de reencontrar a esposa querida voltou a trazer-lhe confiança no futuro. Enquanto permanecera na revolta e na inconformação, não conseguira enxergar perspectivas para uma transformação em seu destino. Mas no momento em que, saturado das energias deletérias da revolta, ele desistiu de lutar contra a própria Vida, uma pequena chama de luz acendeu em sua alma, ainda que exteriorizada sob a forma de tristeza e melancolia. Bastou, então, abrir seu coração a um simples gesto de amor, vindo da alma generosa de Aurora, para que as nuvens que obscureciam seus pensamentos se dissipassem e ele deixasse nascer em si um novo homem.

É o destino a que todos nós, Espíritos, filhos de Deus, estamos fadados, uma vez que fomos criados para a felicidade, a qual nos será dada, a cada um, segundo nossos esforços.

O Cristo nos ensinou que fizéssemos nossa parte, pois que o demais viria por acréscimo da misericórdia Divina. Solano ajudou-se a si para que os céus, por intermédio de Aurora, também o ajudassem.

CAPÍTULO III

AMELIE

O local em que Maria Teresa se encontrava era uma estância singela, mas muito acolhedora. Tratava-se de um hospital, porém, por seu aspecto, assemelhava-se muito mais a uma agradável colônia de repouso. O pequeno vilarejo espiritual não possuía qualquer construção suntuosa, apenas três pavilhões, extremamente simples e aconchegantes, interligados entre si, formando um belo e harmonioso conjunto arquitetônico em meio a uma planície cercada por muito verde. A simplicidade do ambiente cativava.

A região em muito se assemelhava às grandes propriedades rurais da Terra, como a própria Fazenda Nova Aurora, onde o prazer de viver se dá pela simples contemplação da natureza. Pude perceber ali a generosidade de Deus, que designou ambiente tão acolhedor e tão semelhante ao que Maria Teresa vivera na Terra, para que ela pudesse se adaptar à nova realidade espiritual de forma tranqüila, sem abruptas mudanças.

Ao chegar à colônia, um sentimento de expectativa me assomava: como me sairia na tarefa que me foi delegada?

Perguntava-me por que Aurora teria confiado a mim missão tão importante.

Impressionava-me também o envolvimento que tive com o caso. Eu já tivera oportunidade de atender a muitos Espíritos infelizes e desajustados e a todos procurava dedicar atenção e carinho. Mas parecia que aquele caso, especificamente, era diferente. Alguma coisa nele despertara a minha atenção de maneira especial. Até a forma como me aproximei de Aurora, através de uma espontânea e inesperada percepção dos registros sonoros impregnados no ambiente etéreo da Fazenda, aguçava-me a curiosidade. Por que Deus teria permitido, a mim, sintonizar com aquelas vibrações e, a partir daí, chegar ao caso que atendia agora?

Esses pensamentos dominavam-me a mente quando adentrei o pavilhão principal da colônia. Transpus algumas salas, onde se via um dinâmico trabalho de assistência aos internos, através de tarefeiros atenciosos e dedicados.

Ao fim do corredor, num local que parecia ser o posto de enfermagem, fui atendido por um senhor que expressava simpatia e bondade. Disse-lhe que vinha em nome de Aurora e que procurava por Maria Teresa, ao que ele me informou que ela estaria nos jardins externos, localizado na parte posterior daquele pavilhão, em atividade de lazer.

Saí na direção indicada. Os jardins eram um recanto de paz e harmonia. Na extensa chácara, com muitas árvores frondosas, flores de diversas cores e matizes ladeavam os passeios que, vez por outra, eram intercalados por graciosas pontes a transpor pequenos cursos d'água cristalina que se reuniam ao centro em aprazível lago.

Minha expectativa aumentava. Até então, depararame somente com Aurora. Pela primeira vez estaria frente a frente com uma das personagens daquele drama que tanto me sensibilizara.

Enquanto me deslocava calmamente, observava alguns agrupamentos de Espíritos conversando felizes, outros em atividades laborais, outros simplesmente passeando reflexivos por entre o bosque, como que contemplando a beleza do local e ao mesmo tempo meditando sobre suas próprias vidas. Foi entre esses últimos que, de repente, destaquei uma jovem que me chamou a atenção. Sim, ali estava Maria Teresa! Não sei como, identifiquei-a. Tinha certeza, era ela! Parei, sem que ela me avistasse, e fiquei contemplando-a à distância.

Oh, forças divinas do Universo! Que sensação profunda e misteriosa senti neste momento! Olhei fixamente para Maria Teresa e deixei-me quedar pela estupefação.

Sua forma perispiritual deveria ser a da última encarnação, que eu não conhecera, mas que, não sei como, identifiquei como sendo a filha do Coronel Francisco e Aurora.

Porém, eu enxergava também, naquele mesmo Espírito, a personalidade de Amelie, a menina que conheci, precisamente em campos da França, numa de minhas últimas peregrinações pela Terra. Sim, Amelie, a moça faceira e vaidosa que vi crescer, pois que habitara a mesma região que eu, naquela encarnação, e que fora morar, anos mais tarde, em Paris, com o esposo.

Fiz um esforço mental para buscar na memória informações daquele passado distante e logo me veio a confirmação: Maurice!... Esse era o nome do esposo com quem Amelie deixou o pequeno vilarejo em que nascera para viver próximo à Corte, em busca de melhor vida.

A história coincidia com aquela descrita por Aurora. A diferença estava nos nomes. Eu a conhecera como Amelie. Aurora nomeou-a Christine. Ao certo, Amelie deve ter trocado o nome quando conquistou o título de Condessa. Mas, não havia dúvidas, eram as mesmas! As características da personagem leviana e apaixonada, como Aurora descreveu Christine Bourgnon, casavam com a personalidade de Amelie que, desde pequena, mostrava-se desejosa de uma vida rica de prazeres.

Passados tantos anos – quase dois séculos –, eis que me encontrava novamente com aquele Espírito que conheci, um dia, sob a forma de Amelie, ou a Condessa Christine Bourgnon, e que agora vestia a aparência periespiritual de Maria Teresa.

Sentei-me em um banco e ali fiquei observando-a, sem que ela me visse. Não demorou muito, ela, talvez desejosa de voltar ao pavilhão, tomou o caminho que passava exatamente a minha frente. Ao se aproximar, olhou para mim de modo estranho. Percebi claramente, pela sua expressão, que ela estava me reconhecendo, embora não lembrasse de onde. Ante seu olhar de curiosidade, respondi com um sorriso, ao que ela parou diante de mim.

– Tudo bem? – perguntei.

– Tudo...

– Você deve ser Maria Teresa!

– Sim, sou. E você?

Disse o nome de minha última encarnação e não o daquela em que ela me conheceu, e identifiquei-me como um novo servidor do hospital que havia sido designado para acompanhar seu tratamento.

– Mas vejo que você já está bem melhor, talvez nem precise mais de mim! – complementei em tom de brincadeira, a fim de estabelecer uma empatia.

Ela sorriu. Percebi que sua mente estava mergulhada em curiosidade, tentando descobrir de onde me conhecia, mas, seguindo orientação de Aurora, não quis me revelar. Agi com naturalidade, como se não tivesse percebido absolutamente nada.

– Está retornando ao seu quarto? – perguntei.

– Sim... – respondeu-me reticente, como se desejasse permanecer ali mais um tempo.

Não quis lhe causar constrangimento. Aquiesci com um sorriso e ela retornou ao hospital.

A partir daquele nosso encontro, passei a visitá-la e a acompanhá-la em seus passeios pelo bosque. Aos poucos, fui conquistando sua confiança. Maria Teresa foi afeiçoando-se a mim como um amigo e irmão, uma vez que ela não tinha familiares na colônia e, de mim, trazia a vaga lembrança de algum conhecido distante, que tentava descobrir quem era.

Eu, por minha vez, não me fazia reconhecer. Esquivava-me de perguntar-lhe se ela tinha conhecimento de sua situação espiritual. Evitava também fazer qualquer comentário a respeito de seus parentes, a fim de não lhe trazer lembranças dolorosas que pudessem atrapalhar sua saúde psíquica, tão bem reconquistada que fora, naquela colônia.

Agia, simplesmente, como um companheiro, um

amigo com o qual ela podia contar. Deixei que ela, espontaneamente, pudesse expressar seus pensamentos e sentimentos.

Assim foi que, num determinado dia, ela mesma entrou no assunto. Disse-me estar sentindo muitas saudades de seus familiares, que não entendia por que eles não iam visitá-la, e que, pelos comentários que ouviu de um dos enfermeiros, ela desconfiou que não estaria mais na Terra. Ela olhou para mim e, talvez, mais com dúvida do que com certeza, disse-me:

– Não consigo aceitar isso como verdade! Eu não posso estar morta!

– Eu também acho que você não está morta, senão, você não estaria conversando aqui comigo! – respondi em tom de brincadeira.

Ela sorriu, mas não se deu por satisfeita. Queria de mim respostas às suas dúvidas. Olhou-me de modo mais incisivo e continuou:

– Eu já estou bem melhor. Sei que passei por momentos muito difíceis e que me trataram muito bem neste hospital. Mas, aos poucos, vou lembrando-me de coisas: meu pai, o Sr. Rubens...

– Você não acha melhor deixar essas lembranças para outro momento, Maria Teresa?

– Não! Eu quero... eu preciso me lembrar – disse ela.

Eu não quis interromper seu processo de despertar da consciência. Os médicos da colônia orientaram-me que Maria Teresa, por um bom tempo, ficou como que anestesiada da memória, por mecanismos de defesa do inconsciente estimulados pelo tratamento recebido na colônia. Mas agora, ela já estava em condições de entrar em contato novamente com sua realidade. Por isso, suas lembranças brotavam vagamente.

Os médicos disseram-me ainda que, na hipótese de ela querer, espontaneamente, falar do assunto, que eu a deixasse falar. E, em havendo qualquer problema, eu deveria chamá-los. Resguardado por essas garantias, permiti então que ela continuasse suas lembranças.

– Eu me recordo – continuou ela – que estávamos eu, papai e o Sr. Rubens voltando para casa... depois, fomos assaltados... era um homem horrível... eu tive a sensação de ser... um carrasco...

Maria Teresa registrou uma forte emoção. Ao rotular o assaltante de carrasco, mal sabia ela que dizia uma verdade. Era a impressão do reencontro com aquele mesmo carrasco que, sob sua ordem, executou tantas pessoas, no passado.

Pensei, neste momento, em tomar alguma atitude. Minha preocupação era que aquela forte emoção pudesse desencadear outra crise nervosa. Mas, percebi que ela respirou fundo e, ao invés de se deixar abater, encontrou forças para enfrentar seus medos e lembranças. Ela continuou:

– Daí em diante, tudo ficou muito confuso. Ouvia vozes, via vultos, mas não sabia exatamente o que estava acontecendo... não sei quanto tempo fiquei assim... acordei neste hospital, com toda essa gente. São pessoas amáveis, enfermeiros bondosos, médicos muito carinhosos... mas, são pessoas estranhas para mim!... Não encontrei o meu pai, nem o Sr. Rubens por aqui. Onde eles estão? E onde eu estou?... Tudo é tão real... Eu não posso estar morta!...

Talvez motivado por um impulso divino, fui dominado por um sentimento paternal. Voltei ao passado. À minha frente não estava a filha de Aurora, mas Amelie, aquela mesma Amelie que tantas vezes, em sua adolescência, quase como um pai, procurei orientá-la pelos caminhos do bem, fazendo-a enxergar as belezas da vida simples, tentando domar suas tendências extravagantes. Ali estava ela, novamente, esperando de mim orientações quanto ao seu futuro. Aproximei-me, segurei em seus braços, para dar-lhe segurança, e falei muito afetuosamente:

– Acredite!... Você não está morta!... Desperte para a verdadeira Vida!...

Fui traído pela emoção! A frase que tantas vezes eu lhe dissera, no passado – *"Desperte para a verdadeira vida!..."* – saiu agora espontaneamente. O tom de voz e o jeito como falei aflorou em Maria Teresa um átimo de memória. Ela olhou-me de maneira surpreendente. Esboçou uma expressão de espanto e disse meu nome daquela encarnação, que eu confirmei com um sorriso e um gesto positivo com a cabeça.

Maria Teresa ficou estática, olhando-me no fundo dos olhos. Não demorou muito, outros nomes vieram à sua memória:

– Amelie... Christine.... Meu Deus!....

– O que esses nomes lhe sugerem, Maria Teresa?

– Sou eu!.... – disse ela com profunda convicção – Sou eu!... Eu me recordo... você... que eu tinha como um pai... Mas, como pode isso?...

Ela afastou-se de mim, visivelmente confusa. Um misto de surpresa e, ao mesmo tempo, certeza do que dizia, misturou-se ao choro que saiu naturalmente.

Abracei-a com carinho. Ela aconchegou-se a mim, como se abraçasse a um pai querido, que muito respeitava. De fato, essa era a relação que ela tinha comigo, naquela existência terrena.

Procurei confortá-la. Expliquei-lhe sobre os mecanismos evolutivos do Espírito, dizendo que, depois daquela existência na França, eu e ela havíamos tomado caminhos diferentes, reencarnando em situações distintas, e concluí dizendo-lhe o quanto Deus era generoso por permitir nosso reencontro e que deveríamos agradecer aquele momento marcante. Ela chorava, mas não era propriamente um choro de dor, antes, um choro de conquista, de libertação. Talvez ela tenha percebido a grande dimensão da Vida e o enorme progresso que ela mesma efetuou, em sua última encarnação quando, sob o corpo de Maria Teresa, soube dignificar o papel de mulher e vencer os grandes desajustes do seu passado criminoso.

Gradativamente, foi lembrando-se de outros fatos e situações daquela distante França. Tentou justificar-se para mim, lamentando seus desvios.

– Não vamos reviver o passado – disse-lhe com afabilidade. – O que passou serviu de experiências. O que importa é que você venceu a si mesma, conquistou o mérito da paz interior.

– Então, eu não estou mesmo na Terra? – perguntou-me ainda um tanto ansiosa.

– Bem, se é isso que você quer saber, de fato, você não está na Terra! Mas também não quer dizer que você está morta! – complementei brincando.

Ela sorriu. Era o sinal de que começou a entender e a aceitar a nova realidade.

— Mas, se é assim, então, onde está minha mãe?... E Solano?... Eles "morreram"!... Por que não vieram me ver?!

A bondade de Deus é indescritível. Ele jamais abandona seus filhos e sempre responde aos seus pedidos verdadeiros.

Enquanto Maria Teresa perguntava pela mãe, senti, mentalmente, a resposta de Aurora a dizer-me: "Eu estou aqui!". Uma sensação de profunda alegria vibrou em minh'alma. Deixando transparecer a emoção, com os olhos úmidos de uma felicidade indefinida, perguntei à Maria Teresa:

— Você deseja ver sua mãe?

— É o que mais desejo neste mundo!

Intuitivamente, dirigi seu olhar para um local aparentemente vazio. Mas eis que, de repente, surge o espectro de Aurora, resplandecente de luz, e ao seu lado, Solano, conforme ela mesma prometera a ele.

Maria Teresa, em princípio, ficou aturdida, sem acreditar no que via. Extasiava-se com a luz que vinha daquela entidade angelical. Mas depois, ao reconhecer a própria mãe, ali presente, e o esposo querido, correu para os braços de seus entes tão amados, num grito incontido:

— Mãe!...

— Filha, querida!...

Um longo e afetuoso abraço uniu aqueles três corações, há tanto tempo afastados. Suas almas conjugaram-se numa só vibração, numa só sintonia.

O amor puro e verdadeiro, que jamais se extingue, é centelha que herdamos do Pai e trazemos escondido nas entranhas de nossa natureza espiritual.

Se na Terra, este sentimento dulcifica as criaturas, na espiritualidade ele nos arrebata aos cumes da sublimação. Ele é o verdadeiro alimento das almas.

– Solano!... Meu Deus!... Então é verdade!

– Sim, meu amor. Parece um sonho, mas é real! Eu estou aqui.

Maria Teresa estava em êxtase. Não sabia a quem olhava ou tocava primeiro: se a mãe ou o esposo. Sua alma irradiava uma luz diferente, seus gestos expressavam uma contagiante alegria.

– Graças a Deus, meus queridos, – falou Aurora, abraçada a ambos – graças à Sua bondade e misericórdia infinitas, estamos juntos.

– E papai?... Onde ele está? Por que ele não está aqui conosco?

Aurora expressou um olhar de compaixão:

– Ah, filha! Teu pai ainda está envolto em trevas!

– Como?! – perguntou Maria Teresa.

– Conheces teu pai tanto quanto eu e sabes como ele era orgulhoso e dono de si. Nunca aceitou ajuda de ninguém, porque sempre se considerou auto-suficiente. E agora, o ódio e o desejo de vingança ainda corroem sua consciência e por isso ele sofre...

– Por que não vamos até ele?

– De nada adiantaria. Ele não conseguiria nos enxergar, em virtude de seu padrão vibratório! Na verdade, ele só consegue se relacionar com aqueles que vibram na mesma sintonia.

— Mas não há uma forma ajudá-lo? – perguntou Maria Teresa.

— Com nossas preces, filha querida! Vamos confiar em Deus e nos nossos amigos do plano maior, que eles irão nos ajudar. Mas não te esqueças, também, filha, de que na Terra temos duas almas generosas que muito nos auxiliarão! Por intermédio de nossos queridos Juventino e Nastácia, faremos o reencontro de teu pai com Rubens, tarefa fundamental para a recuperação dos dois.

Maria Teresa não entendeu muito bem o que a mãe comentara. Aurora, porém, não quis entrar em detalhes. Apenas concluiu:

— Tudo terá o seu tempo! Aguardemos com paciência, que o Senhor nos atenderá.

Maria Teresa conformou-se com a resposta da mãe.

Aurora não quis iludir a filha, mas, intimamente, sabia que um longo tempo ainda restaria para o despertar de Francisco.

CAPÍTULO IV

DE VOLTA À TERRA

Algumas décadas transcorreram.

Com alegria, víamos a completa recuperação de Maria Teresa e Solano que, adaptados à sua nova realidade espiritual, engajavam-se em atividades de assistência e aprendizado.

Um belo dia, Aurora convidou-me a retornar àquela mesma região terrena onde se desenrolaram os episódios de sua vida, informando-me que uma grande tarefa nos aguardava, sem me dar maiores detalhes.

Aceitei o convite e partimos rumo àquele cenário que já me era bastante familiar.

A paisagem geográfica mudara um pouco. Os vastos cafezais, que antes dominavam longínquas extensões de terra, foram, em parte, substituídos por outras culturas agrícolas. Mas a beleza e a exuberância rural permaneciam inalteradas.

Enquanto volitávamos por sobre aquelas belas paragens, meu pensamento também viajava. Lembrava-me do dia em que, sozinho, vagando por ali, fui atraído à presença de Aurora. Agora, era ela que me guiava, e com muita resolução. A mãe de Maria Teresa sabia exatamente aonde ir. Eu apenas a acompanhava.

Passamos próximo à antiga Fazenda do Coronel Francisco. Imaginei que era para ali que Aurora me levaria, mas, para minha surpresa, nossa viagem se prolongou mais um pouco até atingirmos pequeno vilarejo não muito distante.

Quase no final de uma ruela sem calçamento, encontramos singela casa de madeira que, apesar de humilde, apresentava-se conservada e bem cuidada. No quintal, limitado por cerca feita com bambus, alguns canteiros de rosas, organizados com pedras São Tomé, exalavam suave perfume.

Aos olhos dos simples mortais, nada chamaria a atenção no casebre a não ser uma pequena placa colocada sobre a porta da frente onde se lia a denominação de um centro espírita. Mas aos nossos olhos espirituais, aquela pequena instituição irradiava uma luz acolhedora, que subia aos céus, qual trilha luminosa fazendo conexão com os planos superiores da Vida.

Paramos defronte ao modesto centro. Aurora explicou:

– Aqui, Juventino e Nastácia desempenham tarefa santificante no campo da mediunidade.

Continuamos nosso deslocamento pelo vilarejo e, algumas dezenas de metros à frente, Aurora parou diante de outra casa, já mais isolada, também bastante simples, identificando-a como sendo a residência de Juventino.

Adentramos.

Na pequena saleta, sentado numa cadeira de palha,

Juventino, agora idoso, beirando os sessenta anos, lia um livro. Fiquei observando aquela personalidade tão cativante. O corpo frágil, um pouco curvado pelo tempo, revelava o cansaço de uma vida dedicada ao trabalho na roça. Mas sua alma era de um vigor que impressionava. Os olhos, extremamente lúcidos e magnetizantes, expressavam a serenidade de uma alma humilde.

À nossa entrada, percebi que Juventino, por um instante, parou a leitura e fitou o horizonte, como se estivesse meditando. Ele percebera a nossa chegada, ainda que não nos tivesse visto.

Dali mesmo onde estava, chamou Nastácia.

A antiga dama de companhia de Aurora apareceu à porta. Apesar de seis anos mais velha que Juventino, Nastácia mostrava-se, fisicamente, mais conservada. Apenas alguns fios de cabelos grisalhos evidenciavam sua idade já avançada.

Notei o quanto Aurora amava aqueles antigos empregados, pois seu olhar por eles era da mais cândida ternura.

Acompanhamos o diálogo que se travou em seguida. Foi Juventino quem começou:

– Ah, Nastácia!... Não sei por que, mas nesses últimos dias tenho pensado muito na Sinhá Aurora.

– É mesmo, Juventino?

– É!... Engraçado que, nesses anos todos, eu tenho orado a Deus em favor do Coronel e do Dr. Rubens. Sei que eles estão sofrendo muito no mundo espiritual. Mas, de uns tempos pra cá, sinto muito forte a presença de Sinhá Aurora do meu lado. Tenho a impressão de que ela quer alguma coisa de nós.

— Pode ser isso mesmo, Juventino! E se for, quem sabe ela se comunica na sessão de hoje, no Centro.

— É mesmo! Vamos confiar em Deus e nos Espíritos amigos. Eles vão nos ajudar.

Aurora expressou um olhar de satisfação. Convidou-me a sair. Acompanhei-a. Já na rua, comentou:

— Depois do suicídio de Rubens, Juventino e Nastácia foram trabalhar honestamente em outra fazenda. Nastácia casou-se com Tião. Teve dois filhos, que hoje vivem em cidade próxima daqui. Juventino permaneceu só, mas sua generosidade fez com que ele sempre estivesse cercado de amigos. Não faz muito tempo, Nastácia ficou viúva. De vez em quando, como hoje, ela aparece aqui na casa de seu fiel amigo, para auxiliá-lo em suas dificuldades.

Não obstante as explicações de Aurora, não contive minha curiosidade. Perguntei-lhe sobre o motivo de ela me trazer até aquele ambiente, após tantos anos daqueles tristes episódios. Aurora explicou:

— É chegado um grande momento. Finalmente, hoje vamos resgatar Francisco e Rubens.

Fiquei feliz e ao mesmo tempo surpreso. Sem saber exatamente o que me caberia naquela oportunidade, indaguei:

— O que posso fazer?

— Vai ao encontro de Francisco e traze-o até o centro, esta noite. Enquanto isso, eu vou ao vale das sombras em busca de Rubens. Ambos já sofreram demasiado e já se mostram preparados para uma reconciliação. Vamos ao trabalho! Que Deus nos ilumine neste desiderato! Até mais!

Dizendo isso, partiu, deixando-me meditando.

Novamente, Aurora confiava a mim a tarefa de me aproximar de um seu ente querido para que eu o resgatasse. Compreendi sua resolução. Era necessário que Francisco, primeiro, extirpasse de seu coração todo o ódio que ainda trazia, num gesto de reconciliação com Rubens, para que depois tivesse o mérito do reencontro com a esposa.

Assim, fui em busca de Francisco.

Encontrei-o em zona de profunda miséria espiritual. Condoeu-me ver seu padecimento. O antes arrogante e soberbo Coronel apresentava-se um maltrapilho. Em meio ao lodo fétido, vi-o estirado no chão, em estado deplorável, soltando surdos gemidos de dor. Parecia não ter mais voz, tantos foram os gritos desesperados ao longo dos anos. Sombras negras sugavam suas energias, tirando-lhe a vitalidade e dando-lhe um aspecto anêmico e cadavérico.

À minha chegada, algumas entidades que dele escarneciam afastaram-se, dizendo-me impropérios e xingamentos.

Chamei-o. Ele parecia não me ouvir, tal seu estado letárgico. Abaixei-me e toquei-lhe o ombro. Ele reagiu, olhando-me assustado.

– Acalme-se, Francisco! – disse-lhe. – Eu vim ajudá-lo. Não tenha medo!

Segurando em sua mão, forcei-o a levantar-se. Ele não rejeitou. Ergueu-se, com dificuldade. Assemelhava-se a um demente que não tem noção das coisas que faz, apenas faz aquilo que lhe mandam fazer.

Ficou sentado no chão, com o olhar perdido. Estava extenuado do esforço que teve que fazer para soerguer-se. Enquanto ele descansava, orei suplicando a Jesus para que se apiedasse daquele irmão carente e desorientado, em estado tão deplorável. Em seguida, apliquei sobre ele um passe magnético, procurando dar-lhe energias novas.

Já era noite quando cheguei com Francisco, ainda em estado de letargia, ao centro espírita que Aurora me havia apresentado.

Ao chegar, fui recebido por uma entidade espiritual, de nome Ângelo, que guardava a porta de acesso. Ele recebeu Francisco e o conduziu ao interior da pequena instituição. Adentrei e vi mais duas entidades espirituais, da mesma equipe de Ângelo, auxiliando nos serviços da noite. Vi também que Juventino já se encontrava, sentado à cabeceira de uma mesa, lendo silenciosamente "O Evangelho segundo o Espiritismo".

Ângelo fez Francisco sentar-se, aconselhando-o a permanecer em silêncio, até o início da reunião que se daria dali a poucos minutos. Francisco obedeceu, sem questionar. Nem parecia o enérgico e autoritário Coronel que nunca se submeteu à ordem de quem quer que fosse.

Em seguida, Ângelo retornou à guarda da porta. Ao passar por mim, disse-me que Aurora já havia chegado e me aguardava na saleta ao lado daquela em que nos encontrávamos.

Dirigi-me ao local indicado e encontrei a mãe de Maria Teresa juntamente com Rubens, o qual estava deitado e dormindo. Seu estado era, igualmente, deplorável, talvez ainda mais do que o do Coronel Francisco. Sua forma espiritual estava desfigurada, quase animalesca. Mesmo dormindo, sua respiração era ofegante.

Ao olhar para aquele irmão agonizante, compadeci-me de sua situação. Via-se ali o retrato fiel de todos aqueles que, iludidos pela cegueira espiritual, acreditam pôr fim à vida no ato tresloucado do suicídio.

— Ângelo auxiliou-me a trazê-lo até aqui — disse Aurora. — Aplicamos-lhe um sedativo para que ele descansasse.

Ouvimos um barulho à porta. Era Nastácia que chegava, acompanhada de alguns companheiros que iriam participar da reunião mediúnica da noite.

Aurora orientou-me:

— A reunião não demora a começar. Não seria conveniente levar Rubens à presença de Francisco, agora. Ficarei aqui com ele. Acompanha-os na abertura. No momento oportuno, o despertaremos e o levaremos para o encontro de reconciliação.

Concordei e retornei à sala principal.

Após os cumprimentos, os recém-chegados sentaram-se e Juventino pediu a uma senhora que fizesse algumas leituras.

CAPÍTULO V

AJUSTES FINAIS

– Vamos orar a Deus, para iniciar a nossa reunião – disse Juventino ao seu grupo de amigos, após o término da leitura.

Fez pequena pausa e, em seguida, começou sua prece:

– Senhor! Queremos neste momento suplicar tua misericórdia sobre nós. Envia, Pai querido, os bons Espíritos, teus mensageiros, à nossa presença, para que eles nos protejam e amparem o nosso trabalho desta noite. Agasalha-nos com o teu amor generoso, sustenta-nos em nossas fraquezas e corrige-nos em nossas imperfeições, para que sejamos instrumentos da tua vontade soberana e merecedores da tua paz. Assim seja!

Após a prece de Juventino, acompanhada por todos, inclusive por nós, do plano espiritual, Ângelo aproximou-se de Francisco, colocou a mão sobre sua fronte e concentrou-se fervorosamente. Percebi que Ângelo transmitia ao organismo perispiritual do esposo de Aurora poderosos fluidos, que lhe deram um vigor novo, fazendo-o sair da letargia em que se encontrava.

A pedido de Ângelo, aproximei-me de Francisco e chamei-o:

– Venha, meu irmão! Fomos convidados a participar desta reunião.

Em seguida, levantei-o e o aproximei de Nastácia. Pela primeira vez, o esposo de Aurora dirigiu-se a mim:

– Quem é você?...

– Acalme-se, Francisco!

Ângelo operou magneticamente os perispíritos do Coronel e de Nastácia, promovendo uma sintonização vibratória de ambos. Uma torrente fluídica estabeleceu-se entre a mente de Francisco e a de sua antiga criada.

Francisco arregalou os olhos, parecendo enxergar através dos olhos de sua intermediária. Pronunciou algumas palavras e sua voz encontrou reverberação no aparelho vocal de Nastácia, que começou a falar:

– Que lugar é este?... Onde estou?

Juventino, atento ao que acontecia com sua companheira, respondeu:

– Estamos entre amigos, meu irmão!

– Como amigos?... Eu nem conheço vocês...

Neste momento, porém, Francisco olhou mais atentamente para aquele ancião que falava com ele e perguntou:

– Juventino?!... É você?...

– Sim, meu irmão! Fale!

Apesar de reconhecer o antigo empregado, Francisco

não prestou atenção ao fato de ele estar mais velho. Falou como se estivesse falando com aquele garoto de outrora:

– Juventino! O que está acontecendo comigo?

Dirigi-me a Juventino e, mentalmente, informei-o:

– É o Coronel Francisco!

Juventino reagiu com surpresa:

– Coronel?!

Francisco retomou a palavra:

– Juventino, me ajude!... Onde é que eu estou?... Que lugar é este? Onde está minha fazenda?...

– O senhor não precisa mais da fazenda, Coronel! O senhor agora está em outra dimensão. Está na vida real.

Francisco desatou a chorar:

– Não fale assim comigo, Juventino, porque eu já estou ficando louco. Eu não sei se estou vivo ou morto... Sei que aquele desgraçado do Rubens me matou. Mas... como pode? Eu estou aqui... sinto os vermes corroerem meu corpo, mas ainda continuo vivo!... Como posso estar vivo se eu morri?!... Isso não pode ser real... É um pesadelo!...

– Não é pesadelo, Coronel, é a realidade! Confie nos amigos espirituais que estão ao seu lado!

– Eu só vejo fantasmas me perseguindo!... Criaturas abomináveis me caluniando!... – disse o ex-dono da fazenda, soluçando de tanto chorar.

O seu estado de perturbação não o permitiu ter noção do nosso concurso. Apesar do resgate que lhe proporcionamos, ele não identificou nossa presença. Apenas respondeu automaticamente ao nosso auxílio, sem ter noção alguma do que aconteceu à sua volta.

Juventino procurou fazer ver a ele sua realidade espiritual:

– Infelizmente, o senhor está colhendo o que plantou, Coronel.

– Já lhe disse para não falar assim comigo, Juventino!...

– Mas é a verdade! Abra seu coração e largue esse orgulho que só está fazendo o senhor sofrer!

– O que me faz sofrer são esses monstros terríveis que me perseguem! Eles são mais fortes que eu e estão me vencendo!... Me ajude, Juventino!...

A súplica angustiosa de Francisco era de comover o mais duro dos corações humanos. Quem conheceu o austero e enérgico dono da Fazenda Nova Aurora jamais o imaginaria chegar a situação tão humilhante, a ponto de implorar ajuda ao mais humilde de seus subalternos.

– Não posso afastar as sombras que o perseguem, Coronel. Isto só o senhor poderá fazer, quando deixar o amor desabrochar no seu coração e souber perdoar verdadeiramente!

– Como assim? Perdoar a quem?

Juventino possuía um enorme potencial intuitivo. Ele já havia percebido a presença espiritual de Rubens, ainda que o mesmo se encontrasse na saleta ao lado, sob os cuidados de Aurora. Sabia também que o processo de libertação espiritual do Coronel Francisco estava incondicionalmente relacionado à quebra dos vínculos de ódio que o prendiam ao deputado. Por isso, Juventino lembrou ao seu antigo patrão:

– Perdoar a Rubens!...

– O quê?... – reagiu Francisco. – Perdoar aquele miserável que me matou?... Nunca!...

– Ele é nosso irmão, Coronel!

– Ele é um bandido, sem-vergonha, que se aproveitou de minha amizade para roubar minhas terras!..

Percebendo que Juventino talvez não conseguisse convencer Francisco quanto à necessidade de perdoar Rubens, e para evitar que o Coronel caísse em xingamentos inadequados e inconvenientes, Ângelo resolveu intervir. Aproximou-se de Juventino e lhe falou mentalmente:

– Pergunte-lhe se ele se lembra do Duque de Coteur-Ville!

Juventino escutou a voz de Ângelo e procurou seguir-lhe a orientação, mas atrapalhou-se no nome, que lhe era de difícil compreensão:

– Coronel, o senhor se lembra do Duque...

– Duque de Coteur-Ville! – reforçou Ângelo.

Com certa dificuldade, Juventino conseguiu pronunciar:

– ... Coteur-Ville...

Francisco reagiu surpreso e com um certo desespero na voz:

– O quê?!... Não... pare com isso!

– Por que, Coronel?!

– Por que você está falando disso agora?! O que você está querendo de mim?

– Quero que o senhor se liberte e seja feliz!

— Já estou sofrendo muito! Por que você me faz sofrer ainda mais com essas coisas do passado?!

— Pode ser que nessas coisas do passado esteja a solução de seus problemas, Coronel!

O nome do antigo Duque de Coteur-Ville acionou na memória de Francisco um forte sentimento de culpa. Veio-lhe à mente, das profundezas do inconsciente, a lembrança de que ele fora o grande chantagista que levou Coteur-Ville à bancarrota e à morte. Porém, suas idéias ainda eram confusas: estava convicto de que ele próprio houvera sido o algoz, mas não atinava quanto ao tempo em que aqueles fatos teriam ocorrido. Em sua mente desorientada, imaginava tratar-se de fatos verificados na última encarnação, no Brasil, na fazenda, porém, em época remota, sem tempo preciso. Pelo mesmo motivo, Francisco não associou o nome Coteur-Ville à personalidade de Rubens.

Enquanto Francisco perdia-se nesses pensamentos desencontrados, Ângelo dirigiu-se à saleta onde se encontrava o antigo deputado. Juntamente com Aurora, provocou o despertar de Rubens, que foi, então, trazido à nossa presença, na sala onde acontecia a reunião.

Desperto do sono a que havia sido induzido, Rubens apresentava-se em estado de miserabilidade completa. Sua aparência era lastimável. Os longos anos de tormento, causado pela loucura do suicídio, degeneraram-lhe quase que por completo seu corpo espiritual.

Aurora também adentrou no ambiente, porém, permaneceu a certa distância da mesa, observando o desenrolar dos acontecimentos. Francisco não conseguiu enxergá-la, dado seu padrão vibratório que lhe não permitia distinguir a sutileza do corpo espiritual da esposa, mas vislumbrou Rubens, pois ambos estavam praticamente na mesma faixa evolutiva.

Foi Ângelo, novamente, o responsável por promover a conexão de Rubens com Maria, a médium através da qual se estabeleceria a comunicação psicofônica.

Ao ver o ex-administrador de sua fazenda, Francisco falou enérgico:

— Rubens?!... O que ele está fazendo aqui?!... Mas... não é Rubens... é o Duque de Coteur-Ville... Mas, é o Rubens!... O que está acontecendo?!... Eu estou enlouquecendo... Juventino, pare com isso... tire essas imagens da minha frente...

Juventino, percebendo que Maria entrara em transe, limitou-se a dizer:

— Não são imagens, Coronel. É real. Nosso irmão Rubens está aqui.

Tal qual o próprio Coronel, Rubens estava completamente desorientado e sem noção de tempo e espaço. Ao ser reconhecido por Francisco como sendo o Duque de Coteur-Ville, sua mente o induziu a confusões paradoxalmente lúcidas. Ele se reconhecia como Rubens, mas também como o Duque. O delírio mental o fez enxergar, à sua frente, não o antigo dono da fazenda, mas o hipócrita Conde de Bourgnon, do qual fora vítima. Foi a este personagem que Rubens, então, se dirigiu, falando por intermédio de Maria:

— Seu ladrão!... Você me roubou e me deixou na miséria, Maurice de Bourgnon!...

A revelação deste nome foi uma bomba a explodir na mente de Francisco, que reagiu com desespero:

— Não pode!... Você já morreu... Duque... Vá embora... Me deixe em paz...

— Eu não morri, Maurice... eu estou aqui: vivo!... eu sou Rubens, o Duque de Coteur-Ville[4]... aquele que foi vítima de suas chantagens... que foi roubado... e mandado para a guilhotina por você, falso Conde de Bourgnon... Mas, eu fui atrás de você, seu miserável... para recuperar aquilo que me pertence!...

Juventino interveio neste momento, dirigindo-se a Rubens:

— Meu irmão, chega de ódio! É preciso perdoar!

— Perdoar esse conde miserável que me roubou tudo?!...

— Isso é passado, Dr. Rubens! O senhor já se vingou, não está satisfeito?

— Não!... Eu quero que ele pene no fogo do inferno!...

— Por quê? O senhor, por acaso, está isento de culpas?!

Apesar de falar com ternura, Juventino impunha-se com autoridade:

— O senhor também errou, Dr. Rubens! Desculpe-me falar assim, mas nós sabemos que foi o senhor que mandou matar Solano, depois mandou matar o próprio Coronel, que está aqui na sua frente! E também Sinhazinha

---

[4] *Via-se aqui a confusão mental em que se encontrava Rubens, que não atinava quanto ao tempo e espaço, pois, para ele, Rubens e o Duque de Coteur-Ville eram um só personagem. O espírito, evidentemente, era o mesmo, que teve duas existências terrenas distintas. Mas Rubens não entendia essa separação provocada pela reencarnação. Por isso ele fundia as duas personalidades numa só, que viveu numa única época.*

Maria Teresa! E não bastasse tudo isso, matou a si próprio. Foram quatro crimes!

Juventino atingiu em cheio a consciência de Rubens.

A verdade nua e crua, exposta pelo antigo rapazote da fazenda, corroía a razão do ex-deputado. O remorso pelos atos praticados, principalmente o de ter tirado a própria vida material, era o que mais sangrava na sua consciência.

Se por um lado, ele alimentava-se pela cobiça e pelo ódio para com aqueles que lhe queriam tomar aquilo que julgava ser seu, por outro, ele mesmo se punia pelo fato de roubar aquilo que pertencia ao outro – no caso, a fazenda do Coronel – e por dar fim àquilo que de fato ele possuía, que era a sua vida material.

Os anos torturantes de sofrimento no mundo espiritual, marcado pelas perseguições e sarcasmos de entidades degeneradas, não eram quase nada ante o inferno da dor da consciência pesada, o remorso pela inutilidade do gesto atroz praticado contra a própria vida, e a desvalorização que dera a si mesmo.

Após alguns instantes, em que um choro convulsivo expurgava essa dor incontida, Rubens conseguiu forças para falar:

– Pare!... Por favor, pare!... Não precisa me lembrar!... Eu sei disso tudo... minha consciência está me martelando isso constantemente... Por que eu não morri?... Por que Deus não acabou comigo?... Sinto vergonha de mim mesmo... sou um desgraçado... e tenho sofrido por causa disso!...

– O senhor não é um desgraçado! – cortou-lhe Juventino. – Foi apenas vítima de sua própria ilusão. Mas agora é o momento de acordar... E Deus quer que o senhor seja feliz. Veja o Coronel Francisco ao seu lado. Se ele o prejudicou no passado, então é hora de perdoar! Chega de vingança e sofrimento! Liberte sua alma!

– Por que ele fez isso comigo?... O palácio... o cargo na Corte... a realeza... Ele me tomou aquilo que me pertencia...

– Ele lhe devolveu a fazenda, em troca, Dr. Rubens. E o que isso representa para o senhor agora? Nada!... Viu? Nada de material nos pertence neste mundo de Deus! Tudo pertence ao Senhor da Vida! Só somos proprietários daquilo que trazemos no coração. Então, meu amigo, esqueça o passado, esqueça essas coisas que não servem para nada para o senhor. Elas só lhe trazem sofrimento. Viva daquilo que enche o coração, que é a paz de espírito. Perdoe!

Rubens deu a impressão de que se preparava para o pedido de perdão proposto por Juventino. Mas, era difícil vencer as barreiras do orgulho. Após um instante em que pareceu hesitante, ele desabafou:

– ...não consigo!...

– Mas deve tentar, meu irmão! Enquanto o senhor não perdoar, vai continuar sofrendo por muito tempo... E quanto ao senhor, Coronel – Juventino dirigiu-se a Nastácia, por intermédio da qual Francisco falava –, por amor à dona Aurora, perdoe também! Por que guardar esses sentimentos de ódio? Isso só aumenta ainda mais a sua dor!

Francisco, que até então ouvia o diálogo com Rubens entre lágrimas de desespero e remorso, lamentou:

– Aurora!... Minha querida Aurora!... Onde está você que não olha por mim?!...

– Dona Aurora é uma alma santa, Coronel! – disse-lhe Juventino. – Ela o está chamando há muito tempo para o caminho reto... O senhor é que não a escuta...

– Por que eu não a encontrei ainda?

– Porque seu coração ainda está muito endurecido pelo ódio! Amoleça o seu coração! Perdoe ao Rubens. Ele está ao seu lado e o senhor pode vê-lo. Aproveite a oportunidade! E o senhor, Rubens – Juventino voltou-se novamente para Maria que permitia ao ex-deputado expressar-se na reunião –, liberte-se deste sentimento de vingança. O senhor já errou demais! Perdoe também ao Coronel! Somos todos irmãos, filhos do mesmo Pai! Precisamos nos amar uns aos outros, como Jesus nos ensinou!

Visivelmente modificado, não evidenciando mais as expressões de ódio que o caracterizavam à sua chegada, Rubens falou com melancolia:

– Eu não sou digno de merecer o perdão de Deus!... Eu sou um desgraçado!... Só encontro perversidade dentro de mim...

– Não diga isso! Eu já disse que o senhor foi apenas vítima da sua ilusão. Mas a ilusão foi embora. O senhor agora está vendo a realidade à sua frente. E a realidade é que tanto o senhor quanto o Coronel Francisco são filhos de Deus, portanto, são irmãos! E merecem ser felizes! Mostre a Deus que o senhor sabe perdoar!... Vença esse orgulho que está corroendo seu coração!...

Juventino fez pequena pausa e, em seguida, falou aos dois:

– De nada adianta permanecer com esse ódio, meus amigos. Perdoem-se um ao outro, em nome de Deus!...

Os argumentos de Juventino, ditos com profunda autoridade moral, foram bastante convincentes, tanto para Rubens, quanto para Francisco. Ambos entenderam, naquele momento, que a grande causa de seus sofrimentos estava neles próprios, através do ódio que carregavam em suas mentes. Enquanto suas almas persistissem alimentadas pelo rancor e pelo desejo de vingança, jamais iriam encontrar a paz, que é filha direta da pureza de coração. Era necessário, pois, romper os liames do ódio e do orgulho monstruoso, para abrir o espírito ao doce encanto do perdão.

Assim foi que Rubens, após um certo receio inicial, venceu o medo e a vergonha, dobrou o orgulho que possuía em si mesmo, e estendeu a mão em direção a Francisco, dizendo humildemente:

– ...Conde de Bourgnon... eu lhe perdôo...

Visivelmente emocionado pela sinceridade do antigo inimigo, Francisco curvou-se ante aquele que promoveu o seu assassinato, na última encarnação, para dizer-lhe, entre lágrimas sinceras:

– ...eu também lhe perdôo, Rubens!

O aperto de mão dado pelas duas médiuns, por intermédio das quais acontecia a comunicação, não deu aos encarnados a exata dimensão da grandeza daquele gesto mútuo de perdão. Nós, do plano espiritual, entretanto, tivemos um dos mais sublimes momentos que eu já tivera oportunidade de presenciar.

A psicosfera daquelas duas entidades passou por transformações radicais. As formas mentais dos dois ex-ferrenhos inimigos, caracterizadas por manchas disformes e escuras que preenchiam seus cérebros espirituais, dissiparam-se, dando lugar a uma doce, ainda que pálida, luz violácea, revelando um estado de paz e harmonia interior.

Olhei para Aurora e vi que ela rejubilava-se de alegria. Seus olhos lacrimejantes externavam a emoção pelo longo tempo que ela teve que esperar para ver, finalmente, o esposo amado emergir do fosso de miséria moral em que se encontrava.

Foi uma cena que nos sensibilizou a todos.

Atingido nosso objetivo, Ângelo aproximou-se de Rubens:

– Muito bem, meu irmão! Seu gesto de perdão foi muito nobre! Agora venha! Iremos ajudá-lo!

Rubens ainda teve tempo de deixar sua última palavra aos encarnados, que o ouviam por intermédio de Maria:

– Obrigado!...

Em seguida, Ângelo desligou a conexão fluídica que unia Rubens à médium, desfazendo-se a comunicação com o mundo físico.

Maria retornou ao seu estado normal de consciência, enquanto Rubens, em nosso plano, era conduzido por Ângelo e outro companheiro espiritual de nossa equipe para uma colônia, para o devido tratamento.

Com a saída de Ângelo e Rubens do ambiente, Aurora aproximou-se de Juventino, para estabelecer com ele outro intercâmbio entre os dois planos.

Francisco, ainda ligado à Nastácia, e visivelmente melhor em seu padrão vibratório, conseguiu, finalmente, enxergar a esposa. Ao vê-la, reagiu com emoção incontida. Para os encarnados, suas palavras ainda eram materializadas pelas cordas vocais de Nastácia:

— Aurora!...

A esposa de Francisco falou por intermédio de Juventino:

— Louvado seja Deus, nosso Pai, Francisco! Finalmente, depois de tantos anos, o amor de Jesus conseguiu romper a dureza de teu coração!

O Coronel era todo emoção. Seus olhos brilhavam em meio às lágrimas abundantes que afloraram.

— Aurora!... Minha querida Aurora... como você está bela!... Parece um anjo dos céus!

— São teus olhos, meu querido! Não me dês virtudes que ainda não tenho!

— É verdade, Aurora! Você sempre foi uma alma pura! Eu, na minha cegueira, é que não enxergava!

— Mas agora é diferente, Francisco. Conseguiste te libertar do orgulho! Agradeçamos a Deus este momento sublime!

Francisco fez uma pausa. Enquanto se refazia da emoção, olhava com admiração para a esposa querida, como se visse uma entidade verdadeiramente angelical. Aurora correspondia-lhe a ternura, expressando, pelo olhar, o mais profundo Amor.

— Onde você tem estado? — perguntou Francisco. — E onde está nossa filha, Maria Teresa?

— Ela está muito bem, não te preocupes. Ficará feliz quando souber o que aconteceu contigo nesta noite!

— Me leve junto com vocês. Vamos reunir de novo nossa família!...

— Ainda não temos mérito para isso, Francisco!

– Por que não?!...

– Para recebermos essa dádiva, precisamos, primeiro, resgatar muitos débitos!

Pela primeira vez, Francisco compreendeu as palavras da esposa. Sua consciência, agora dilatada e desobstruída dos sentimentos inferiores, em função do perdão sincero dado a Rubens, permitiu a ele entender que seria necessário ainda um longo caminho a percorrer para que ele tivesse o merecimento da felicidade real. Foi com esse entendimento que Francisco perguntou à Aurora:

– O que vai acontecer comigo?

– Terás que retornar à Terra, numa nova encarnação. Pelos vínculos que criaste com Rubens, é necessário que ele também reencarne no mesmo contexto que tu, para o devido reajustamento. Não posso ainda te precisar em que condições isso se dará, mas entendas isso como sendo a tua oportunidade de remissão ante as leis divinas. Não penses que irei te abandonar. Estarei te esperando e trabalhando por ti.

Mesmo antevendo um futuro de dificuldades, Francisco não discordou, pois compreendeu que a esposa tinha razão em seus argumentos. Após um instante de meditação, Francisco respirou profundamente e, em seguida, comentou:

– Farei o que você disser que tenha que ser feito, Aurora! Estou disposto a tudo para reconquistar a nossa felicidade!...

– Fico feliz por isso, Francisco! Tenho certeza que conseguirás vencer. Mas agora, é preciso partir. Vamos, porque nossos amigos nos aguardam! Eles vieram te buscar.

O antigo dono da fazenda fez menção de aceitar o convite da esposa, mas esboçou uma preocupação:

– Aurora, eu gostaria...

– Eu sei, Francisco – interrompeu Aurora, que leu o pensamento do esposo. – Vou me retirar e podes dizer isto diretamente a ele.

Enquanto Aurora se desligava de Juventino, fazendo-o voltar ao seu estado normal de consciência, uma curiosidade instigava minha mente: qual seria o desejo de Francisco, imediatamente identificado pela esposa? No entanto, procurei manter a discrição e a concentração no trabalho, evitando desvarios em meus pensamentos.

Juventino retomou a direção da reunião, agradecendo aos presentes e fazendo menção de encerrá-la. Entretanto, Francisco, que ainda falava por intermédio de Nastácia, interrompeu-o, para dizer:

– Juventino, quero lhe pedir perdão por tudo o que fiz a você em minha vida e, acima de tudo, agradecer por tudo que fez por mim, meu filho.

Em seguida, desligou-se de Nastácia e foi recebido por Aurora com um afetuoso abraço.

CAPÍTULO VI

UMA NOVA AURORA...

A revelação da paternidade de Juventino não apenas me deixou surpreso, como também me fez ainda mais admirador do nobre caráter de Aurora. Vi, em suas atitudes, a prova do amor incondicional que ela nutria por aqueles seus entes tão queridos, a ponto de não incriminar a quem quer que fosse.

Ela sempre soube que Francisco fora o agressor que violentou Josefina, mas nunca revelou esse segredo a ninguém, na Terra, até sua desencarnação. Nem mesmo para mim, quando narrou os episódios mais marcantes de sua vida, ela havia feito qualquer menção a esse fato. Sempre agiu com discrição e bondade, jamais tecendo julgamentos condenatórios com relação ao esposo. Aguardou pacientemente até o último instante para que ele próprio tomasse a iniciativa de reparar a falta cometida.

Francisco, por sua vez, desperto das ilusões que o prendiam ao orgulho, conscientizou-se da necessidade de avocar para si as responsabilidades não assumidas quando na Terra. Era uma forma de começar a reparar seus erros e aprender a agir com retidão de caráter. Por isso, seu último gesto, ao contato com o filho rejeitado, foi o justo pedido de perdão.

Sensibilizado com esse depoimento inesperado, Juventino fez comovida prece, que acompanhamos com júbilo, encerrando aquela memorável reunião.

Findos os trabalhos da noite, Aurora e os demais companheiros de sua equipe partiram rumo à colônia espiritual, levando consigo Francisco, enquanto eu, de minha parte, decidi permanecer um pouco mais naquela região de natureza tão exuberante, a fim de meditar sobre tudo o que acontecera, como era meu costume, ao fim de cada jornada de trabalho.

Em meu íntimo reinava um sentimento de profunda gratidão a Deus.

As experiências vivenciadas nos últimos anos, com aquele agrupamento familiar, e especialmente naquela noite, enchiam-me o Espírito de indeléveis alegrias. De tantos casos que já presenciara, em minha humilde condição de tarefeiro nas atividades de socorro espiritual, nenhum deles tivera tanta repercussão em minha vida quanto este da família de Aurora.

Desde o dia em que sintonizei os episódios que vitimaram o Coronel Francisco e Maria Teresa, até essa noite em que vítimas e algozes se reconciliaram, eu tive a oportunidade de conviver com personagens cujas vidas foram experiências riquíssimas que se me revelaram como um celeiro de lições extraordinárias.

Seus exemplos de vida, seus erros, suas ilusões, suas derrotas, suas vitórias e conquistas me fizeram pensar na trajetória do espírito humano em seus contínuos esforços em busca do progresso e da perfeição.

Aurora expressava o mais sublime Amor, que não escraviza as criaturas com sentimentos de posse, mas que sabe esperar pacientemente o despertar de nossas consciências cósmicas. E era com esse mesmo amor incondicional que, agora, ela iria amparar o antigo esposo e também Rubens, auxiliando-os em seus futuros projetos reencarnatórios.

Juventino e Nastácia, almas cândidas, apesar da simplicidade intelectual na Terra, evidenciavam sabedoria e discernimento moral, tão necessários em nossa jornada evolutiva.

Maria Teresa fora o exemplo de determinação, ao enfrentar corajosamente os desafios de vencer-se a si mesma, superando vícios comportamentais do passado, enquanto Solano, apesar de vacilante nos seus primeiros momentos de vida nova, na erraticidade, conseguiu superar a descrença e a esterilidade do coração, alicerçado na fé no futuro e na confiança na bondade Divina.

Apenas o Coronel Francisco e Rubens ainda não estavam devidamente ajustados às leis universais, necessitando novas provas e expiações na Terra. Mas nem por isso estariam desamparados da providência magnânima do Criador, que sempre age incessantemente em favor de seus filhos bem-amados.

Mergulhado nessas reflexões, envolvi-me em momentos de prece em louvor e agradecimento ao Senhor da Vida e não vi o tempo passar.

Ali mesmo, nos arredores da antiga fazenda Nova Aurora, na calada da noite, sob o manto estrelado do céu, deixei-me vagar pelo deleite, contemplando a vastidão daquelas terras que, sob a sombra generosa da madrugada, semelhava-se a gigantesco tapete de um negro esverdeado que se perdia no horizonte.

A madrugada ia alta. O céu, extremamente límpido, estava recheado de estrelas cintilantes e a lua cheia, qual farol luminoso, refletia na mata as pequenas gotículas do orvalho que prateava todo o planalto.

Os primeiros vestígios da luminosidade solar surgiam no horizonte, bordando o céu de um tom róseo inconfundível e estimulando os pássaros à sua cantata em mais uma festa matinal.

Ao longe, alguns casebres iluminavam-se com o luzeiro de pequenas lamparinas. Eram os trabalhadores da roça que, ante a alvorada que se anunciava, preparavam-se para mais um dia de trabalho na grande lavoura. Um novo dia radiante chegava.

Observando o astro-rei surgindo no horizonte, pude perceber o quanto esse espetáculo do amanhecer imita a própria vida.

Tal qual o ciclo da natureza, a existência terrestre também tem seus momentos de crepúsculo e de alvorada. É a grande viagem educativa do Espírito imortal.

Se há momentos em que precisamos enfrentar os desafios da noite escura, surge logo à frente a oportunidade de encontrarmos uma nova aurora...